井伊直弼像（部分）
狩野永岳の作と伝えられる肖像画で、明治20年、井伊直憲公から大久保小膳に下賜された。

大砲御覧図（彦根市立図書館提供）
彦根藩の御用絵師佐竹永海が描いた相州沿岸警備の様子。

彦根藩歴代藩主の像
藩祖井伊直政から14代直憲までの肖像が一幅の掛軸にまとまっている。直弼は右下。

改修前の埋木舎
羽織、袴で門前に立っているのは大久保章彦。改修直前には右手長屋の屋根に竹で瓦止めをしていたため、恐らく昭和10年代の写真と思われる。

現在の埋木舎
平成３年に全面解体修復工事が完了し、埋木舎は150年前の姿を取りもどした。

楽焼七種香合　井伊直弼作
安政６（1859）年11月24日拝領との墨書あり。
左上から右に、屋形舟、宝珠、雀、柳、松笠、払子、千鳥。
直弼は茶名を授与した家臣へ自作の楽焼の多くを下賜している。この七種香合は小膳の他、４人の門弟も拝領したという。

湖東焼　赤絵金彩寿字雲龍文鉢　鳴鳳作

埋木舎と井伊直弼

大久保 治男著

はじめに

大老・井伊直弼《なおすけ》公は誰でも知っている歴史上の人物ですが、実は生まれた時から、彦根藩主や大老になる「お世継ぎ」ではなかったのです。直弼公は文化十二（一八一五）年十月二十九日に彦根藩井伊家十一代直中公の十四男として誕生しましたが、直中公は当時隠居の身で、家督は兄の直亮《なおあき》公が継いでいました。嫡長男以外は養子に出るか、三百俵の　被　進米《まいらされまい》（捨扶持）で城を出て不遇の生活をしなければならないという藩の定めに従って、十七歳から三十二歳までの十五年間を佐和口御門前の尾末町屋敷で過ごすことになったのです。直弼公はこの屋敷を「埋木舎《うもれぎのや》」と名付けました。

直弼公は茶道、和歌、謡曲・鼓は達人の域に達し、武術はいうまでもなく、国学、書、画、焼き物、禅、仏教などにも長ぜられ「文化人・直弼」の精神の醸成と文武両道の修養、陶冶が埋木舎で形成されたのです。この埋木舎での人格形成の基盤があったおかげで、三十歳を過ぎて、突然兄・直亮公の養子になり、その後藩主、大老職に就任した時には命をかけて国難を救う大器量が発揮されたのでありましょう。

本書は「埋木舎」で青春時代を過ごした直弼像を探るとともに、今日まで保存されている埋木舎の建物(国の特別史跡)などを説明していきます。

埋木舎は直弼公御側役であった筆者の曽祖父大久保小膳《こぜん》が種々の功績により明治四(一八七一)年に屋敷を井伊家より贈与(藩庁の文書により)されて以降、大久保家代々が水害、虎姫の大地震、軍・官僚による埋木舎接収の圧力、雪害等、幾多の困難や危機を乗り越え、今日まで保存・継承してきましたので、その秘話等にも触れたいと思います。

昭和五十八(一九八三)年三月、礼宮文仁親王殿下におかれましては、学習院高等科の琵琶湖周遊の研修旅行の折、埋木舎を第一にご訪問賜り、ご見学と筆者の説明を聴かれ、さらにご昼食、ご休憩と二時間近くご滞在された名誉なことがありました。

ところが翌五十九（一九八四）年二月、彦根地方が未曽有の豪雪に見舞われ、すでに二百年近く経っていた埋木舎の南棟部分が崩壊したのをはじめ、他も相当な被害を被ってしまいました。文化庁は迅速に五十九年度の調査費を付け、さらに翌年度より全面解体完全修復保存工事を決定と相成りました。老朽化全面倒壊の危機に瀕していた埋木舎は九死に一生を得たのです。国、県、彦根市のお力添えをいただき、六年間の歳月をかけて、全居宅部分、長屋門、塀、庭園等の埋木舎全容が往時の姿に完全復元したことは、何より有難く、大久保家代々で死守してきたことがここに報われました。そして平成三（一九九一）年三月、各界名士の方々の御参列の下、盛大な完成祝賀式典が挙行され、四月一日より一般公開をすることになりました。

「埋木舎」は舟橋聖一氏の小説『花の生涯』に登場した後、松竹映画、NHK大河ドラマで一躍有名になりました。またその後、テレビや舞台、小説などでたびたび埋木舎が取り上げられ今日に至っています。

さて、平成十九（二〇〇七）年には「国宝・彦根城築城四百年」の記念事業が彦根市で盛大に行われましたが、引き続き平成二十（二〇〇八）年六月から、二十二（二〇一〇）年三月まで「井伊直弼と開国百五十年祭」の諸行事がアメリカのペリー来航百五十年記念とあわせて大々的に行われることとなりました。

平成二十年二月以来、彦根市役所、彦根城博物館をはじめ、関係諸団体の方々が上京しては、拙宅を訪ねられ、埋木舎当主である私に各種行事に協力するよう申し越されました。井伊直弼公を常々尊敬し、明治四（一八七一）年以降大久保家が五代にわたり守ってきた、井伊直弼公のメモリアルスポット「埋木舎」の意義を、そしてペリー来航と直弼公の開国のご決断の思想意識の基盤となった「埋木舎時代」をさらに世に広く知っていただくためにももちろん大賛成であり、各行事に全面協力させていただく旨を各氏に申し上げました。

私は昭和五十五（一九八〇）年に『埋木舎―井伊直弼の青春―』を東京・神田の高文堂出版社より公刊し、改訂を重ねておりましたが、昨年、手島社長ご逝去にともない、同出版社は店じまいされてしまいました。直弼公や埋木舎に関心のある方々に読まれていた本ですが増刷も不可能だったところ、「開国百五十年」を契機として『埋木舎と井伊直弼』を新たに出版させていただくこととなりました。

井伊直弼公の遺徳をしのぶ史跡として、当時のまま現存している「埋木舎」の意義はますます重要になりましょう。これを代々所有する者の責務も重大でありますし、公共や歴史・文化に対する貢献も多々あると申せましょう。

井伊直弼公や「埋木舎」にご関心のある読者諸氏に少しでも埋木舎を知っていただくことで文化人井伊直弼公の遺徳を慕い、直弼公の和平国際友好思想によって幕末―開国―の英断で、戦争の苦難や、アジア諸国の多くが味わった植民地の苦難から、我が国を守った歴史的意義をあらためてかみしめていただき、さらに、史跡・埋木舎の永久の保存について理解を深めていただくために、少しでも本書が役立てば幸甚の至りでございます。

平成二十年五月吉日

彦根、金亀城下
「埋木舎」直弼公書院にて

著　者

埋木舎と井伊直弼　◎目次◎

二章　文化人・直弼を育んだ埋木舎……………………57

一章

井伊直弼の系譜と埋木舎の成り立ち

開国の英傑・井伊直弼を語る時、必ず引き合いに出されるのが埋木舎である。通称尾末町屋敷と呼ばれた埋木舎は彦根藩の御用屋敷であった。埋直弼は十七歳の時から十五年間を埋木舎で過ごし、文武の研鑽に励んだ。

井伊家と彦根城

井伊直弼の祖先は藤原氏である。藤原良門―太政大臣正一位―から六代目の孫の藤原備中守共資《ともすけ》が、一条天皇の時代に、遠江国敷知郡村櫛に下り、その子、遠江守共保《ともやす》―従五位下―が引佐郡井伊谷に住むようになって井伊氏を称するようになり、井伊谷《いいのや》に一城を築いたといわれる。

十二代・道政は元弘の変、建武の新政では後醍醐天皇側につき、南北朝時代には足利尊氏と対立して南朝の復興を願っていたという。

十九代・直氏に至り、駿河国今川氏の陣営に与し、二十三代・肥後守直親《なおちか》の時、家臣の謀反に遭って今川氏眞の不興をこうむり、わずか二十騎を従えて釈明のため駿河へ向かったが、その途中今川の家臣朝比奈泰朝に殺された。

直親の子・虎松（のち彦根藩初代藩主・井伊直政）は当時二歳の幼少であったが、十五歳の時に徳川家康に見出されるまで、井伊家を守る人々にかくまわれながら成長した。

徳川家康に迎えられた直政の各合戦での戦功はめざましく、特に小田原攻めでの働きが顕著であった。徳川家康の関東入国により、上野国箕輪に十二万石を領し、その後高崎に移った。さらに、天下分け目の関ヶ原の戦いでは「井伊の赤備え」の精鋭部隊が縦横に活躍、常に先鋒をつかさどり、東軍大勝の原動力になったのである。その功により、慶長六（一六〇一）年石田三成の居城のあった近江国佐和山に移り十八万石を領し、西国三十六ヶ国の監視という特別の任務を与えられた。

直政はかねてより佐和山から礒山《いそやま》へ移城を計画していたが、関ヶ原の戦傷がもとで、慶長七（一六〇二）年二月一日、四十二歳で死去した。

直政の子、直継（直勝）は十三歳で跡目を継ぎ、琵琶湖畔の金亀山《こんきやま》（彦根山）に家康の同意を得て新城の構築に着手することとなるのである。

彦根城の築城は、慶長九（一六〇四）年に始まり元和八（一六二二）年までの十九年間に及ぶが、大坂冬の陣（一六一四年）、夏の陣（一六一五年）を境として前後二期に分けられる。

第一期工事について、幕府は公儀御奉行に山城宮内少輔忠久、佐久間河内守政眞、犬塚平右衛門忠次ら六名を据え、近隣諸国の大名、旗本など三十数名が動員されるなど、譜代の雄藩として幕府の権力を背景とした職制のもとに工事は進められた。

彦根山々上にあった彦根寺、門甲寺《もんこうじ》は移転され、周辺の多賀の敏満寺、長浜の布施寺などの古寺址や、大津城、佐和山城、長浜城、安土城などの古城から城石や古材が集められ、城は築かれていった。

慶長九（一六〇四）年に鐘の丸が完成し、ついで同十一（一六〇六）年本丸天守が完成した。大坂冬の陣、夏の陣の後、井伊家の禄高は十八万石より、元和元（一六一五）年、同三（一六一七）年に各五万石ずつ加増される一方、家督は病弱な直継から直孝にかわった。

引き続いての第二期工事は彦根藩による単独工事で、元和元年から始まった。三重の堀や表御殿、諸門など居城としての整備とともに、城下町の町割りも同時に行われ、完成をみたのは元和八（一六二二）年であった。こうして彦根城は、東海、北陸に睨みをきかす要衝として確立した。また京都朝廷の警護、琵琶湖水軍の采配、譜代筆頭大名、徳川四天王、大老職の格式を有する井伊家の居城として、彦根城は堂々の威厳をもって整備されたのであった。

これが以後、彦根藩井伊家十四代の歴史の始まりとなった。

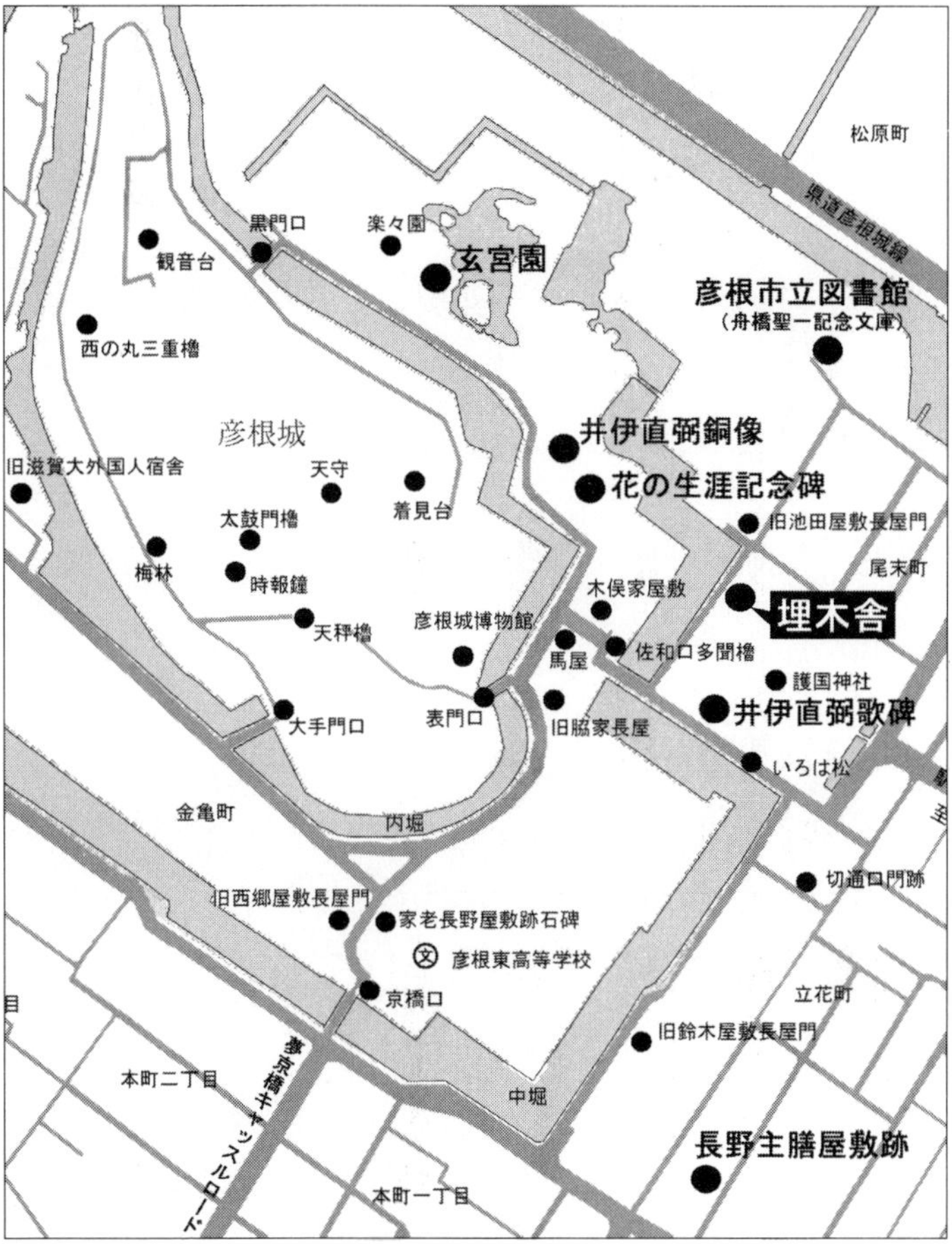
松原町
県道彦根城線
黒門口
楽々園
玄宮園
観音台
彦根市立図書館
（舟橋聖一記念文庫）
西の丸三重櫓
彦根城
井伊直弼銅像
旧滋賀大外国人宿舎
天守
着見台
花の生涯記念碑
太鼓門櫓
旧池田屋敷長屋門
梅林
尾末町
時報鐘
木俣家屋敷
埋木舎
天秤櫓
彦根城博物館
馬屋
佐和口多聞櫓
護国神社
表門口
井伊直弼歌碑
大手門口
旧脇家長屋
いろは松
金亀町
内堀
切通口門跡
旧西郷屋敷長屋門
家老長野屋敷跡石碑
彦根東高等学校
京橋口
立花町
旧鈴木屋敷長屋門
本町二丁目
夢京橋キャッスルロード
中堀
長野主膳屋敷跡
本町一丁目
彦根城周辺地図

井伊家の系図

═は、養子関係を示します。
○は、当主の代数を示します。
ここには重要な人物のみ掲げています。

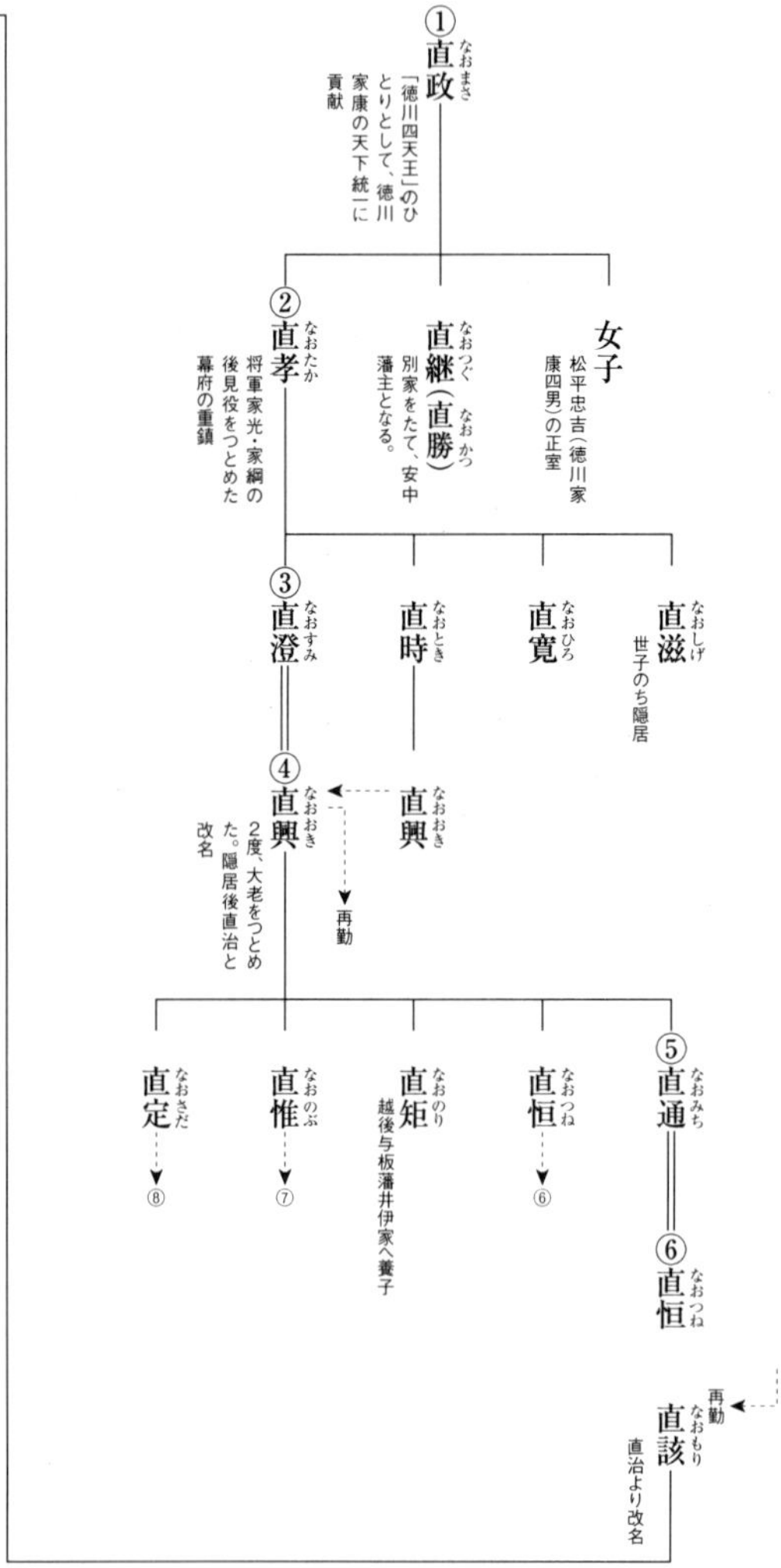

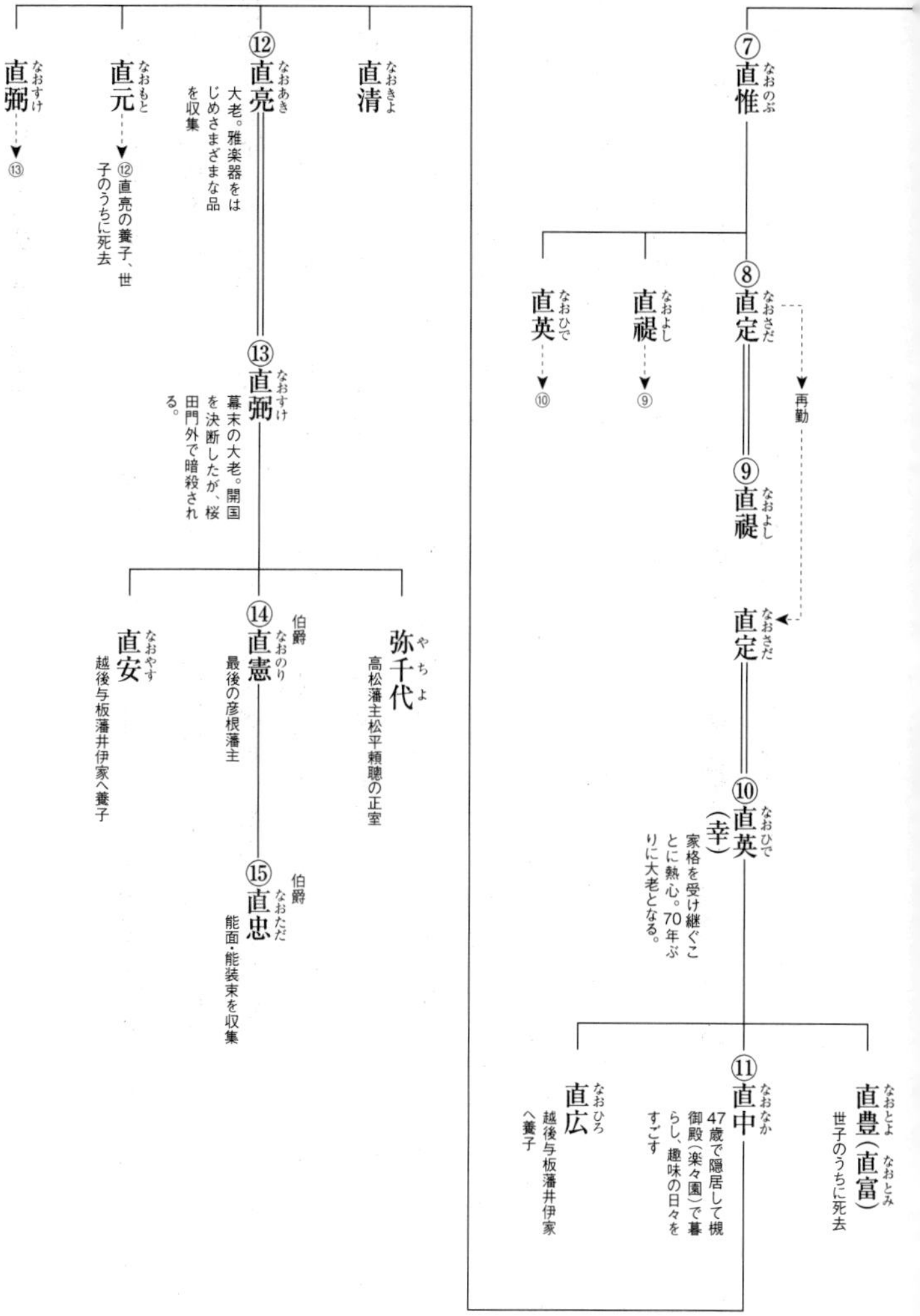

『彦根城下町検定公式テキストブック』より転載

井伊直弼の生い立ち

井伊直弼は、文化十二（一八一五）年十月二十九日、十一代藩主井伊直中の十四男として、彦根城中・槻《けやき》御殿（黒御門前屋敷）で誕生した。直中は当時五十歳で十四男五女の子福者であった。母堂は側室のお富の方（当時三十一歳）で、彦根御前と称され美貌の賢夫人として評判だった。直中は、家督を正室との間に生まれた三男・直亮《なおあき》に譲り、すでに隠居の身であった。

直弼の幼名は、井伊家の祈願所の北野寺で二十ほど選定された中より「鉄之介」と名付けられたが、後に「鉄三郎」と改められた。鉄の意思、鉄の如く強い人柄を願ったのだろう。

直弼は五歳の時生母と死別し、その後も槻御殿で暮らしていたが、父直中が天保二（一八三一）年五月二十五日に亡くなったので、同年十月二十八日、弟・直恭《なおやす》とともに、佐和口御門前にある藩の御用屋敷・尾末町《おすえまち》屋敷に移った。直弼十七歳の時である。その後は、三百俵の被進米《まいらされまい》を給せられて質素な生活を送ることになった。

彦根藩では十代藩主直幸《なおひで》の時代に、嫡子はその家を継ぐ大事な公達であるが、他の庶子たちは、家を出て他の諸侯の養子となるか、名門の家臣に養われて臣下として井伊家に仕えるか、そのい

玄宮楽々園（槻御殿）
中国の瀟湘八景を模してつくられた池泉回遊式庭園の玄宮園。正面奥に槻御殿（黒御門前屋敷）がある。8代藩主直中は隠居にともない、文化9（1812）年に御殿を改築、文化11（1814）年には槻御殿に能舞台が造られた。

ずれでもない者は生活費として「被進米」を給わり質素な一生を送るか、という庶子養育制度が確立していた。被進米は捨扶持とも呼ばれ、直弼は、元藩主の実子とはいえ、藩主や世嗣とは比較にならないほどの質素な生活を弘化三(一八四六)年まで過ごすことになる。心を石山の月に澄まし、眼を琵琶湖の波に楽しみ、当世事情に関心のない閑居の身として終わりがちな日常であったが、内に大志を秘めていたのであろうか、その心根は決して埋もれさせない、立身出世の機をうかがうように、辛苦をしのぶという意気込みで、日夜、文武両道、人格の陶冶にまい進した。直弼はこの心境を次の歌に託して決意を表している。

世の中をよそに見つつも埋れ木の
埋れておらむ心なき身は

尾末町屋敷を「埋木舎《うもれぎのや》」と呼ぶようになったのもこのころである。
直弼は、十歳のころより他の庶子同様、武芸万端の修養を積んでいた。すなわち、剣術、弓術、槍術より始まり居合、柔術、馬術、砲術、戦術、政治、海外事情等にまで及んでいた。さらに、教養人として、国学、和歌、俳句、蹴鞠、茶道、仏道、座禅、謡曲、楽焼、華道から数学、天文学に精通していたといわれる。まさに、文武両道に長けた超人・井伊直弼の人格は、この埋木舎時代に形成、昇華されたのであった。

尾末町屋敷に移って一年後の天保三（一八三二）年、直弼は元服の儀式を行っている。前年の十七歳に行われる予定が、直中死去により延期になったためだという。そして天保五（一八三四）年の秋、藩主直亮のはからいで、直弼は弟・直恭とともに、諸侯の養子候補として江戸へ向かうこととなった。直弼は屋敷を出る時、再びここでの窮乏生活にもどることはあるまいと喜び、知人を集めて別れの宴を催したほどであった。

桜田の藩邸で直恭とともに養子の面接を受けたところ、直弼は採用されなかった。弟・直恭は日向延岡藩と縁組が決まり、名を内藤政義と改め、能登守に任ぜられ七万石の城主となった。なぜ直弼の養子縁組が決まらなかったかの臆測は多々あるが、どれも確証はない。しかし、養子縁組もできず、失意に打ちひしがれていた自らを励ます気持ちからか、江戸藩邸の仮住まい「添《そえ》御館《みたち》」で、「うもれぎのやの言葉」を記したという。

古郷なる己が館を埋木の屋など名づけたりしを、ある人其こころを聞んとありけるに

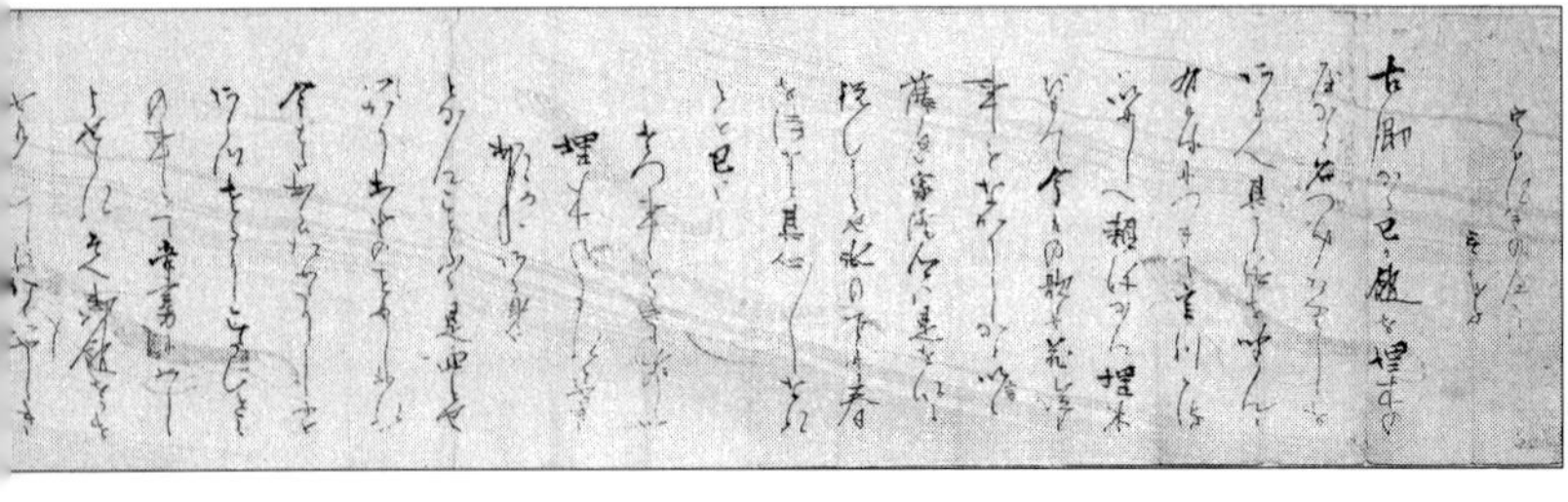

つきて言りけるハ、いにしえ頼政なん埋木をもて、今はの歌に花咲く事もなかりしかと言い、藤原家隆卿ハ、是を以て鋭びにとせ、氷の下に春を待などその心〳〵なれども、己は、

ざつ事も　うきも聞しや　埋木の
うもれてふかき　こころある身ハ

となんことふる、これ四とせばかりあとのことにしあれば、今はたあらためたりしにもあらず、さるに、こたびとみの事とて、吾妻にめしよせられ、そへ御館をかせたまいしを、かくいやしき名もてしるせる事、いとはしたなくなん、世の人々の心にもそむくべうなれど、今暫しの住居をなにと書よるべき業しなければ、古郷の軒端に書付たりけるを、やがてものにしるす難波江のよしあしは、初の歌

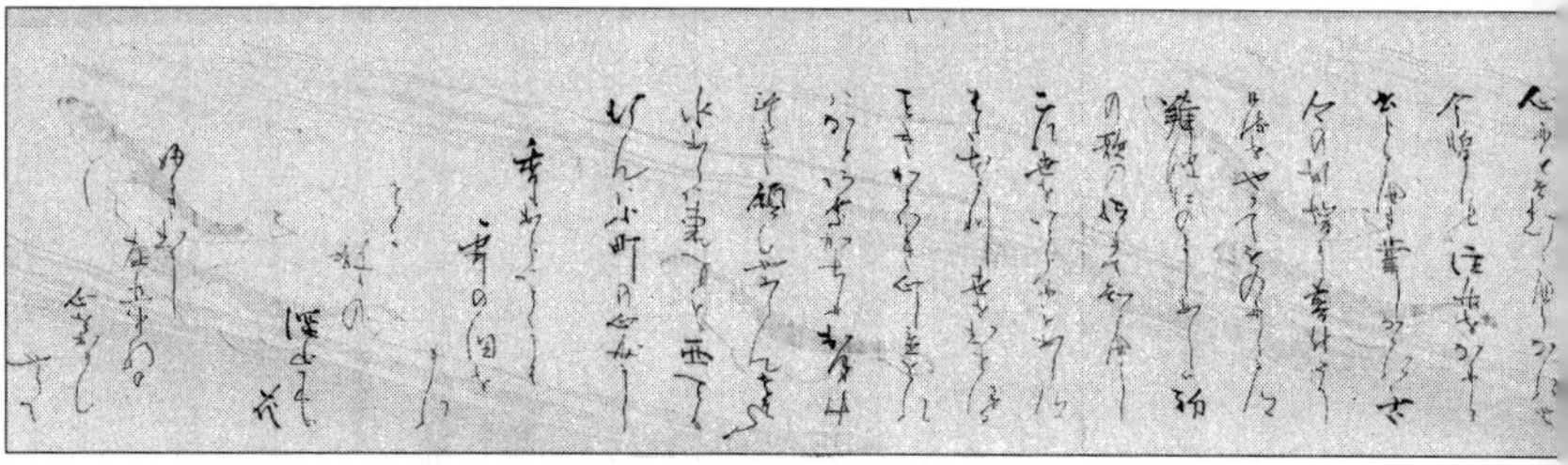

井伊直弼筆「うもれぎのやの言葉」（彦根城博物館蔵）
“ざつ事もうきも聞しや埋木のうもれてふかきこころある身ハ”。江戸藩邸で記したとみられる文書で草稿のようだというが尾末町屋敷を自ら「埋木舎」と名づけた思いがこめられている。

の様にて知るべし、これ世を厭うにもあらず、はた本より世を貪るごときかよわき心し置ざればなど、あながちにおほけ無き願いやあらん、さそう水あらば東へとも西へとも行んは、小町の心成かし、

香もあらハ　とくこそ霞の　網をもれ
さくか散かの　深山木の花

ふるきむかし、在五中将の心をおもいやりて

天保六（一八三五）年八月、直弼は再び彦根の埋木舎にもどった。

直弼が江戸を発つ時、家臣の三浦十郎左衛門は、「御前には空敷御帰国遊ばされ候の御心中、其頃出府仕居り、御発駕を見掛奉り恐察奉り候」という書簡を送った。これには、養子縁組も決まらず、

生涯を埋木舎で過ごすことが決定的と思われた直弼を、涙して見送った家臣の気持ちが表れている。

埋木舎にもどった直弼は、「予は一日に二時《とき》(四時間)眠れば足る」といって以前にもまして寝食を忘れて文武の修練に精進した。このような埋木舎での人格研鑽が、後に大老として幕末急を告げた国家の安泰のため開国を断行し、欧米の植民地主義の侵略から我が国を守りえた大器量の素地となったことだろう。また当時の日本では直弼のスケールがはかりがたく、攘夷論に支配された水戸の浪士や薩摩藩士に桜田門外においてテロを受けるなどとは、埋木舎時代に誰がこのような運命を予期できたであろうか。

弘化三(一八四六)年二月、三十二歳の時、直弼は思い出多い埋木舎を出て江戸に向かうこととなる。相続人のいない藩主・兄の直亮の養嗣子となるためであった。

本書は「埋木舎」時代の直弼、特に文化人としての直弼について著述するものであるので、以降直弼の生涯にわたるできごとや項目、解説等の詳述は他書に譲り、ごく簡単に年表風に直弼の埋木舎を出て以降の分を略述することとした。その全体の生涯の中で埋木舎時代の十五年間が直弼の人格形成上いかに重要な時期であったかを浮き立たせたいと思うからである。

弘化三（一八四六）年五月より溜間詰として公務開始。

弘化四（一八四七）年二月、浦賀海岸の警備を命ぜらる。

　この年次女、弥千代誕生。

嘉永元（一八四八）年四月二十日里和との間に次男直憲（愛麿《よしまろ》）誕生。

嘉永三（一八五〇）年五十七歳の兄・養父の直亮死去（九月二十八日）にともない、

　十一月二十一日、直弼は三十六歳をもって第十三代彦根藩主となって

　掃部頭と称する。

嘉永四（一八五一）年六月、藩主になり初めて彦根に帰る。

嘉永六（一八五三）年六月三日、アメリカ使節ペリー提督が軍艦四隻を率いて浦賀来航、修交

　を迫った。直弼は八月二十九日米国親書に対する意見書「別段存寄書」

　を幕府に答申、堂々と開国論を主張。

安政元（一八五四）年三月、幕府アメリカ和親条約を結び下田、箱館を開港。

　四月、御所炎上、浦賀警備を免ぜられ、彦根藩は京都守護を命ぜらる。

十二月、幕府から御所造営助役を命ぜられ五万両を献金する。

安政三（一八五六）年十月、天皇へ短刀石兎を献上する。

十二月、天皇から十体和歌御手鑑を賜わる。

安政四（一八五七）年十二月、在府溜間詰同格大名連署して米国の要求受託すべしとの意見書提出。

安政五（一八五八）年四月二十三日、大老職に就任。

六月十九日、日米修好通商条約を無勅許で調印。

六月二十四日、水戸の徳川斉昭ら押しかけ登城するも直弼の論陣の前に退却。

六月二十五日、将軍後継、直弼らが推す紀州慶福（家茂）に決定す。

七月六日、十三代将軍家定が三十五歳にて死去。

八月八日、水戸藩に異例の偽勅が下る。

九月、梅田雲浜ら逮捕、安政の大獄始まる。

十月、家茂十四代将軍宣下。

十二月、梅田雲浜、頼三樹三郎、幕府転覆を自白す。

この年コレラが大流行し江戸だけでも病死者三万人といわれた。
十二月、孝明天皇、幕府の外交措置に対し、鎖国の旧制に復す旨の勅諚下す。

安政六（一八五九）年十月、吉田松陰、橋本左内、頼三樹三郎ら死刑執行。
将軍家茂、直弼の忠誠を賞し「至誠」の大字贈る。
十二月、城中で徳川慶篤に勅書返納を命ずる。
朝廷も幕府の条約締結に賛同の勅発す。

安政七（一八六〇）年三月三日、桃の節句の祝儀に江戸城へ参上の井伊大老、桜田門外において、水戸の浪士等のテロに倒れる。享年四十六歳であった。桜田門外の変。

万延元（一八六〇）年四月九日、直弼、世田ヶ谷、豪徳寺に葬られる。
法号、宗観院柳暁覚翁大居士。

嘉永三（一八五〇）年に直亮の死をうけて藩主となった直弼は、領主として領民に対していくつかの善政、藩政の改革を行っている。

まず、藩主となった直後に、兄の遺志と称して十五万両（当時の一両は現在の貨幣価値に換算すると六〜八千円）を領民に頒け与えた。
直弼の仁恵思想は藩政の隅々に生かされた。嘉永四年に八箇条にわたる「御書付」を出し、施政の方針としたが、その中には、
「家老でも不道理のことを申せば正論で押し返してよい。権威を恐れ、追従軽薄の者は不忠の至りである」とか、
「上下水魚の如く和合して父祖の英名を恥かしめないように」とか
「才学抜群の者は家柄によらず登用する」こと、
さらに
「言論の道を開いて、たとえ国家の大事のことでも遠慮なく思うところを述べること」
など当時としては画期的内容も含まれている。
領内巡視は藩主として彦根にいたわずか三年の内で前後九回にも及び、寒暑をいとわず領民の困窮を救済した。
彦根藩の飛び地として下野国安蘇郡内十五ヶ村（現在の栃木県佐野市）に一万八千石近い領地があり、佐野代官が治めていたが、直弼は嘉永六（一八五三）年三月、日光廟に詣でた帰路初めてこの佐野領を巡見し、悪弊であった商人の諸株運上を廃止する一方で、娼婦も全廃、増税も免

除する善政を即刻実施した。

埋木舎での貧困生活をした直弼であったればこそ庶民の生活がわかったのであろう。

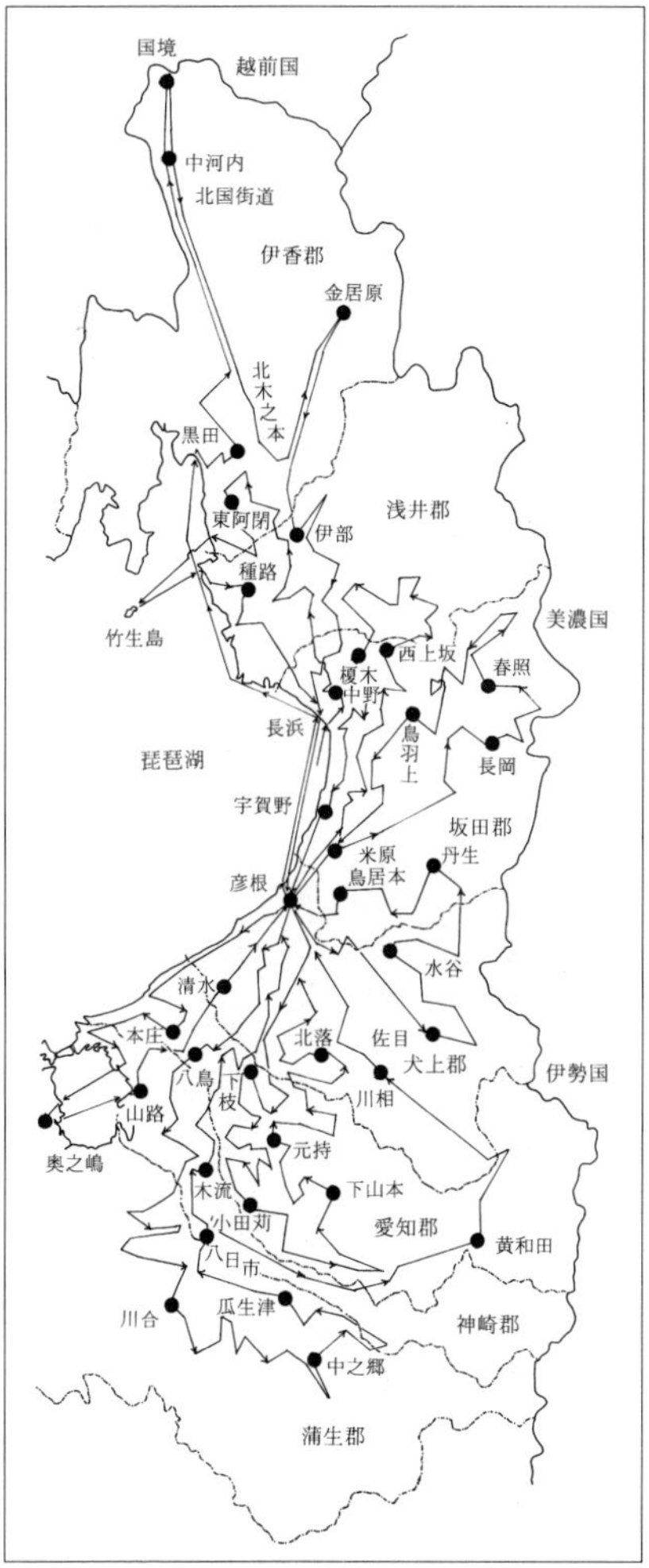

嘉永４（1851）年～安政４（1857）年の井伊直弼の彦根藩領内巡見行程図（『譜代大名井伊家の儀礼』より転載）図上の●は宿泊場所を示す。

埋木舎の周辺

彦根駅前から広い通りをまっすぐに彦根城の方へ進むと正面に護国神社の鳥居にぶつかる。そこを左折し、道なりに右折すれば左手に中堀がぐるりと見え、やがて堀に沿って「いろは松」の松並木が続く。元は四十七本植えられていたとか、根が地上に出ない土佐松を植えてあったとか聞くが、時代劇のロケーションによく使われる場所であり、まさに江戸時代そのものの雰囲気だ。このあたりからは、多聞櫓《たもんやぐら》や山上の天守も遠望でき華麗な一幅の絵のようで、観光彦根のシンボルの一つにもなっているところである。

いろは松を半ばも過ぎると行く手の右側にも堀が見える。そして正面には頑強な佐和口多聞櫓が控えている。左手の多聞櫓は重要文化財で、右手の多聞櫓は昭和三十五（一九六〇）年、井伊大老開国百年記念事業にともない、鉄筋コンクリート建築で外観を復元したものである。内部は長らく「開国記念館」として展示ホールに利用されていた。

さて、この中堀の外周に沿っていろは松から右にまがると、護国神社の裏手のうっそうとし

いろは松の右手護国神社境内にある井伊大老歌碑
「あふみの海磯うつ波のいく度か御世にこころをくだきぬるかな」

た木々を囲む白壁の塀がまっすぐ続く。武家屋敷の塀の趣で、まさに時代劇のお侍の気分になりつつ、しばし歩むと、右手に武家門がひっそりとたたずんでいる。ここが井伊直弼学問所「埋木舎」である。門を背にして真正面に立ち、堀を見れば、多聞櫓の一番右端が見え、そこから城の石垣が幾度か折れて琵琶湖の方角へと続いている。直弼のころは全部、櫓の白壁が続いたのだからさぞ壮観であったことだろう。

埋木舎からさらに塀に沿って旧港湾の方に歩くと四ツ辻があり、左手角に白壁の武家門がある。旧池田家長屋門である。

以上が現在の埋木舎を取り囲む外観である。また、多聞櫓を越えた城の内側に眼を移してみると、直弼が十七歳まで過ごした槻御殿《けやき》がある。御殿横の回遊式庭園は四代藩主井伊直興《なおおき》が延宝七（一六七九）年に造庭したもので、その後十一代井伊直中が再整備した際、唐の玄宗皇帝の離宮の名をとって「玄宮園《げんきゅうえん》」と呼ぶようになった。

槻御殿は黒御門前御屋敷とも呼ばれた彦根藩の下屋敷で、現在「楽々園《らくらくえん》」と呼ばれているのは、十二代藩主井伊直亮の時代に建てられた「楽々の間」に由来する。建物内には「地震の間」「雷の間」など防災の工夫もされている。

ところで「玄宮園」手前の金亀児童公園に、正四位上左近衛中将の正装で、二メートルほどの

井伊直弼銅像
二代目の銅像は、当時の小林郁彦根市長の発起で、市民の寄付と市費により当初は沙々那美神社（現護国神社）境内に建てられていた。

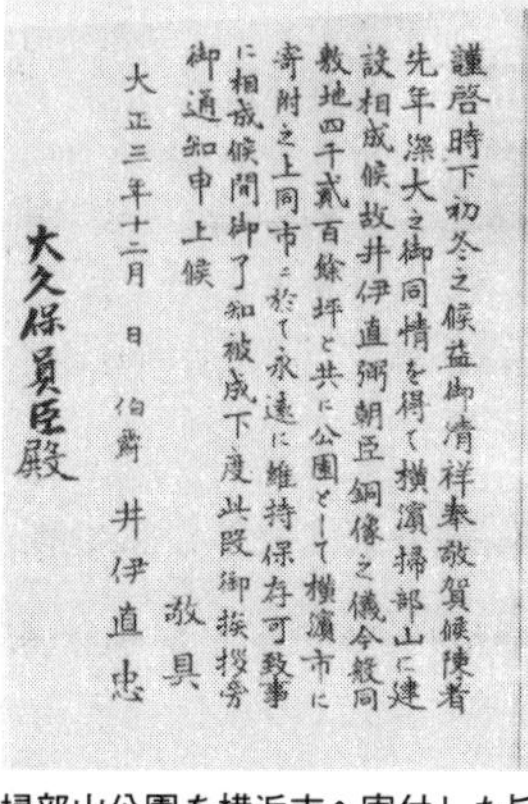

謹啓時下初冬之候益御清祥奉敬賀候陳者
先年深大之御同情を得て横濱掃部山に建
設相成候故井伊直弼朝臣銅像之儀今般同
敷地四千貳百餘坪と共に公園として横濱市に
寄附之上同市に於て永遠に維持保存可致事
に相成候間御了知被成下度此段御挨拶旁
御通知申上候
敬具
大正三年十二月　日
伯爵　井伊直忠
大久保員臣殿

掃部山公園を横浜市へ寄付した旨の通知状
明治 14 年、元彦根藩士のあいだで直弼公記念碑の話が持ち上がり、上野公園に建立の願いを出したが、政府の圧力により一時中止となった。明治 32(1899) 年、日比谷公園への建立を計画をしたものの、またもや頓挫。紆余曲折の後、横浜開港50年に合わせ明治42(1909)年に横浜・掃部山へ建立、さらに大正3(1914)年には掃部山一帯4200坪が井伊家15代井伊直忠伯爵より横浜市へ寄付された。なお彦根での銅像建立については建設候補地の選定が遅れ、明治43（1910）年に建立された。明治時代はまだまだ直弼に対する批判は厳しかった。

丈の井伊大老銅像がある。この像は昭和二十四（一九四九）年に造られた二代目の銅像で、初代は明治四十三（一九一〇）年、大老五十年祭のとき建立されたのだが、戦時中の金属供出に差し出されてしまった。因みに、横浜の掃部山《かもんやま》に建つ井伊大老の銅像は明治四十二年に初代が、二代目は昭和二十九年の横浜開港百年記念行事として再建された。

佐和口多聞櫓の裏手には、昭和四十三（一九六八）年に解体修理された「馬屋《うまや》」（重要文化財）がある。往時は馬二十一頭がつながれていたという。城内に現存する馬屋としては唯一だという。そして馬屋の前にかかる表門橋を渡ると城内である。

以上述べてきたように、埋木舎がある尾末町一帯はかつて中級武士の居住区であったが、今日までよく往時の雰囲気を残している。そのなかにあって建物までがほぼ完全な姿で残っている埋木舎は、武家屋敷を知る上での貴重な遺構であろう。その上、井伊直弼の思い出多い、青春時代を過ごした建物ともなれば直弼研究にとってその価値はいやますばかりである。当然ながらこのあたり一帯は国の特別史跡になっている。

埋木舎素描

二百五十年以上を経た武家屋敷

埋木舎は、直弼が江戸へ出立した後も、側室里和や三男・井伊智二郎等が居住していた。桜田門外の変より明治維新にかけて、彦根藩の管理の下にあったが、明治四（一八七一）年七月、各種功績（一五八頁・一五九頁後述）により、直亮、直弼、直憲と三代藩主側近として仕えた家臣・大久保小膳《こぜん》に藩庁より公文書をもって贈与されて以来、大久保家代々が埋木舎を居宅として使用、今日に至っている。

大久保小膳、章次、員臣、章彦、定武を経て現当主治男（筆者）の代となり、埋木舎が大久保家所有になってから数えても平成二十（二〇〇八）年で何と百三十八年目となる。埋木舎の建築年代は不詳であるが、解体修理時の調査では宝暦九（一七五九）年の銘が入った瓦が見つかり、少なくとも直弼居住の七十数年前に建てられたことがわかる。

創建時の全体的な規模は史料が未見で判然としないが、明治四（一八七一）年の目録によれば、屋敷は間口が十八間、奥行きが十九間余りの三百五十余坪[*]、建物は長屋門等附属の建物は別として、主屋と玄関棟の推定建坪は約八十坪となる。これは彦根藩における石高による屋敷規模に当てはめると、約四百石取りの藩士の武家屋敷に相当し、直弼の埋木舎で受けていた三百俵の扶持にほぼ妥当な規模といえるかもしれない。

尚、直弼が居住していたころも茶室等の増改築が看取され、直弼が江戸へ出府した後も、嘉永三(一八五〇)年には表門、長屋の大修復が行われている(門に棟札あり)。

*ところが、江戸期の記録によれば、間口約三十六間、奥行十九間半で約七百坪とあり、また十八世紀前期の絵図を見ても、角地の三浦屋敷(元松下屋敷)より広く、直弼が暮らしていた時の敷地は約七百坪だった。

昭和の解体修理

明治四(一八七一)年以後、大久保家が所有するようになってからも、直弼の遺徳をしのぶ重要なメモリアルスポットとして、埋木舎は、ほぼ昔のままを保存する努力が大久保家代々によってなされてきたが、明治四十二（一九〇九）年の虎姫地震（江濃姉川大地震）により玄関周りが崩壊した影響で改変した以外は、ほぼ昔の直弼居住の姿のまま維持管理されてきた。

しかし昭和五十九（一九八四）年の近江地方の豪雪によって南棟部分がほぼ完全に倒壊、長屋、主屋等も相当なる被害を受けるに至った。すでに二百数十年を経た建物は老朽化が進み、各室で、床、柱、天井、屋根等危機的状況になっていたこともあり、さすがに未曾有の豪雪には耐えられなかった。

文化庁は早速に国指定特別史跡である埋木舎の被害状況の調査費を付け、さらに埋木舎の史跡的・文化的意義を確認して、文化財保護法による昭和六十（一九八五）年よりの全面解体修復工事が承認された。総工費約二億円、うち国庫負担七割、県・市・個人各一割負担によって、六年の歳月をかけて修復工事が行われることになった。

この時の全面解体修復前と後の埋木舎の大きな相違点は、改修前は主屋と一体であった玄関が、改修後は独立の別棟になったことである。明治四十二（一九〇九）年虎姫の大地震後に改変された玄関周りが、直弼時代の元の姿に復旧されたのだ。玄関の上りが畳四枚敷となり、左手にあった部屋がなくなる一方で玄関右手に若党部屋が二室できた。主屋へは渡り廊下が二本別々に通じ、しかも斜めであって、主人の通路と家人の通路とを分けたものであろうか。表座敷、次の間の床

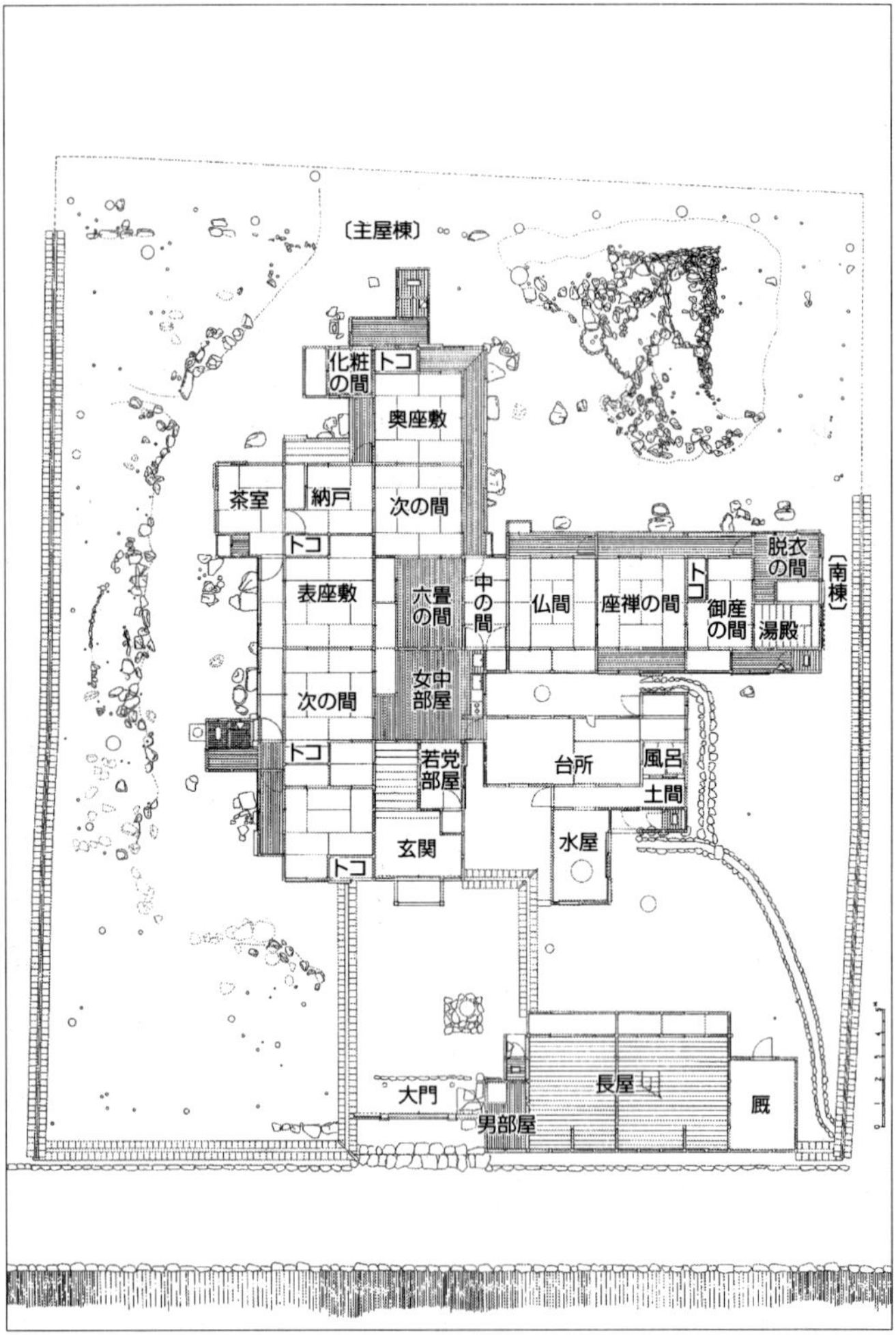
〔主屋棟〕
化粧の間
トコ
奥座敷
茶室
納戸
次の間
トコ
表座敷
六畳の間
中の間
仏間
座禅の間
トコ
御座の間
脱衣の間
湯殿
〔南棟〕
次の間
女中部屋
トコ
若党部屋
台所
風呂
土間
水屋
玄関
トコ
長屋
大門
男部屋
厩

埋木舎修復前平面図

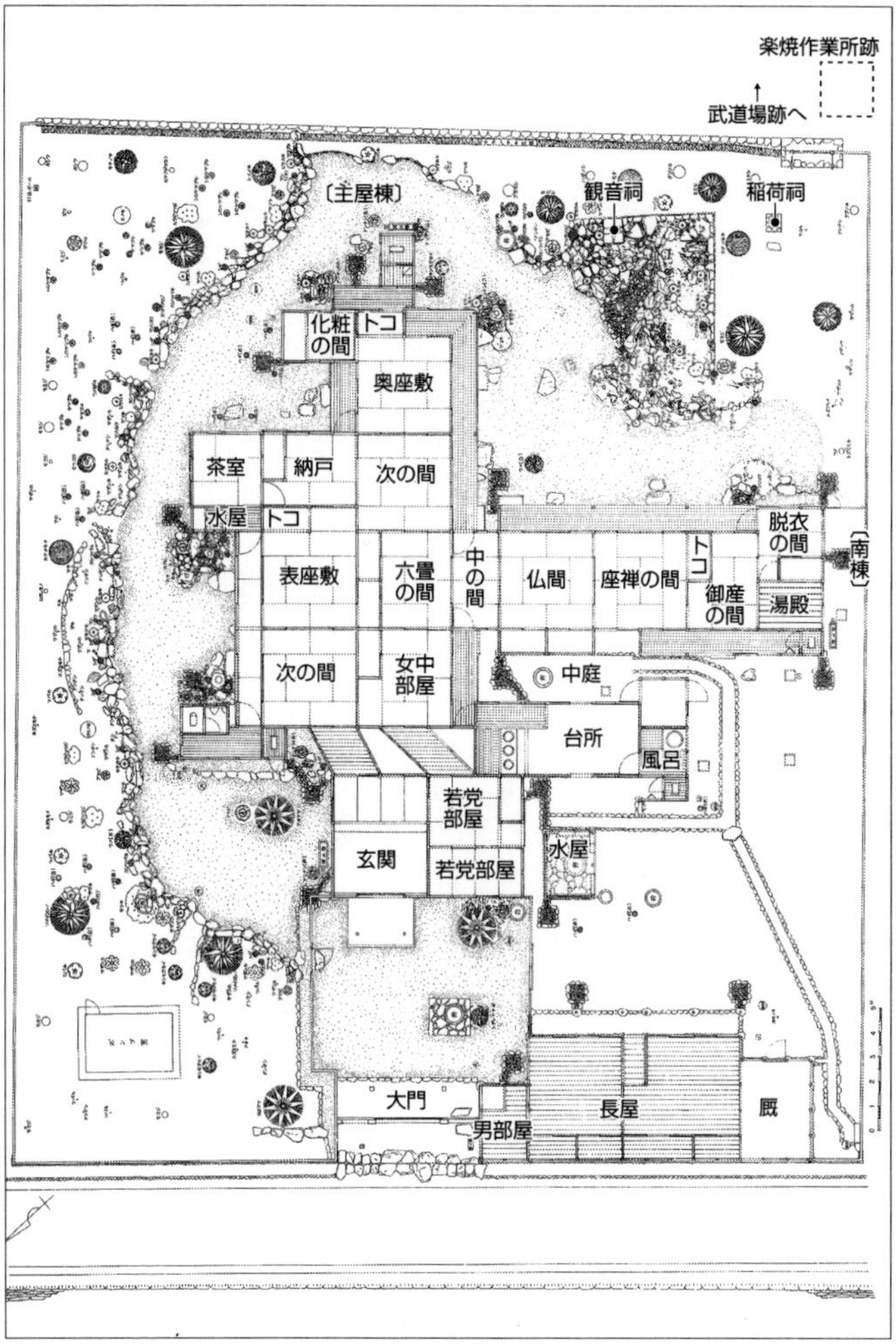
楽焼作業所跡
武道場跡へ
〔主屋棟〕
観音祠
稲荷祠
化粧の間
トコ
奥座敷
茶室
納戸
次の間
水屋
トコ
表座敷
六畳の間
中の間
仏間
座禅の間
トコ
御産の間
脱衣の間
湯殿
〔南棟〕
次の間
女中部屋
中庭
台所
風呂
若党部屋
玄関
若党部屋
水屋
大門
男部屋
長屋
厩

埋木舎修復後平面図

が除去され、上の間の床の横の書院も襖に代わって納戸や居間へ直接行けるようになった。さらに納戸の廊下もなくなるなど、直弼時代の間取りに復元された。

玄関・表座敷（表書院）

埋木舎の配置は、堀側道路より屋敷を見て右手に長屋、左手に高塀があり、その中央に武家門がある。道路から二段ほどの石段をあがって門内へ入れば、左右は白壁の中塀で囲まれ、庭への入り口と勝手口へ入る「くぐり戸」を設けている。中庭には砂利石が敷きつめてあり、その中央に井戸が一つある。この井戸の水は、馬で外出し帰宅した時に、喉の乾いた馬に水をやるためと伝えられている。

門の右くぐり戸は長屋に続いているが、長屋の角は男部屋がくぐり戸に面し、かつての門番詰所で障子の窓があいている。

四畳敷の玄関正面にある四枚の板戸がいかめしい。左右には斜めの廊下があり奥の部屋へ通ずる真中の二枚の板戸の向こうは何もない（武者隠しといわれている）。

玄関の右には四畳半と四畳の二室の若党部屋がある。「たのもう！」の客人に「どうれー！」

埋木舎玄関

埋木舎長屋とくぐり戸

という声が響きそうだ。

主屋は東西にのびる長い棟を軸として、その奥に南棟がT字型にのび、さらにそれに平行して台所、水屋の棟が続いている。ちょうど「卍」の型になろう。主屋は間口四間、奥行十一間半で、屋根は前面を切妻とし、後面は一部寄棟になっている。

玄関から左に連なる部屋は、来客応接のための「表座敷」である。「表書院」ともいい、主室は八畳に床の間がある。次の間も八畳で、二部屋通しの畳廊下がある。

『花の生涯』で舟橋聖一は、国学者・長野主膳が医師・三浦北庵とともに初めて直弼と面談した部屋として設定している。同じく直弼がたか女と会った部屋とされているのも表座敷である。

おそらく側近の藩士犬塚外記や大久保小膳が御機嫌伺いに参上したのもまずこの部屋であっただろう。表座敷から見える庭の造りも大変質素で、隣家との高塀を背景に簡素な石組み、ありふれた庭木でこじんまりとまとめてある。

茶室「澍露軒」

表座敷から奥座敷へ通じる角に有名な茶室「澍露軒」がある。茶室は四畳半台目に一畳半の水

表座敷

庭側から見た表座敷

屋をしつらえている。

表座敷からは襖一本引、奥座敷の方からは開き戸で茶室へ入るようになっており、二方から出入り口があるため「にじり口」はない。天井は、六尺六寸の高さがある水平部分と屋根の傾きを利用した部分を合わせて構成され、当然ながら軒先方向に天井が低くなっている。東は一間の中窓、南は台目の中窓と台目幅の壁床になっており、質素な印象である。西側は開放されて水屋の台目畳に続いている。水屋は台目畳に板の間が続き、奥に水屋流しがある。その上部に物入れの天袋がつく。茶席と水屋の袖《そで》の目かくしの壁が茶室全体をひきしめている。

もともと茶室はなく、廊下の角にあたるところを拡げて直弼が茶室に改造したのではないかといわれている。茶席からも水屋の様子が見通せる部屋の構造は、裏方の所作もまた緊張しておろそかにできない精神修養も含んで、直弼茶道の一刻一刻を大切にする好みが表れている。一般に主人は茶室で点前はするが、水屋のことは半東にまかせて手を抜くところであるから全過程全力投球とはいえないわけである。

「澍露軒」と名付けられた理由は法華経の「甘露の法雨を澍《そそ》ぎて、煩悩の焔を滅除す」の一文からとったものである。

澍露軒

裏庭から見た澍露軒

奥座敷（御居間）

茶室を外側にぐるりとめぐると「奥座敷」に続く。直弼が日常居室として勉学した部屋である。「御居間」ともいう。主室は八畳に床の間一間の質素な部屋で、次の間も八畳である。この上下の二間と茶室との間に五畳の納戸がある。納戸と奥座敷の裏側には内廊下があり、奥の化粧の間や大、小の便所へと通ずる。廊下の前は中庭に面している。直弼の愛した萩の花が美しく咲き競うところでもある。この廊下と表の廻廊との両側の障子をあければ両方の庭が眺められ大変風通しもよくなる。彦根の夏はむし暑く、直弼は太っていて暑がりのようであったから、この奥座敷は風がよく通って非常に居心地がよかったと思われる。また、前庭の庭石も表座敷前に比べると立派につくられており、庭の景観も広く枯山水風の風情もある。木々の多い埋木舎にあって、奥座敷は三方に庭を眺めることができ、明るく、日当たりもよい快適な部屋である。

奥座敷の前庭には、直弼の愛した「柳」が当時はあったとされている。直弼は柳を好み、のちに埋木舎を「柳王舎《やぎわのや》」と呼んでいたのだが、果たして何本の柳が庭内にあったのだろうか。現在は玄関前の柳のみが残っている。

奥座敷（修復前）

前庭側をのぞむ奥座敷

奥座敷（右）と前庭

奥座敷からのぞむ中庭の萩

南棟と台所・水屋棟

主棟からT字型に南西にのびている南棟には、四畳の中の間、八畳の「仏間」、八畳の「座禅の間」、次に「御産の間」が並ぶ。御産の間は、天保十四（一八四三）年に側室がここで出産したことに由来するかと思われ、以前は天井に輪の金具がついていた。これに紐を通して産婦は力一杯引っぱって力むためである。

中の間、仏間、座禅の間の庭側には板張りの廊下が続き、そこからは前庭の木々も眺められ視界が広い。その奥に脱衣の間と湯殿が続く。湯殿は板敷で、水はけをよくするため斜めに勾配がつけてあり、浴槽のほかには何もない。女中らにお湯を桶で運ばせ湯あみをする形式である。

これらの棟は建築当時のまま三百年近く経ていて損壊がひどく、床、天井の大部分が抜け、柱もまがっていた。解体修復の時、屋根裏が見られ、瓦の下地は木と竹で組んであり江戸初期の造り方をそのまま伝えていたが、棟札は未だ見つかっていない。この棟は雪害で崩れたため完全修復された。

この他、台所・水屋の棟には、台所、水屋、女中部屋、六畳の間、中の間などがあり、長屋門の中は、階下は二室に壁で分かれ、階上は広い一室続きとなる。ここには住み込みの侍等が住ん

座禅の間

南棟側前庭から見た奥座敷

でいた。また隣接して、厩《うまや》がある。井戸も多く、邸内に六ケ所ほどある。さらに小さな観音堂、稲荷*の祠《ほこら》、武道場跡、楽焼作業所跡もあり、直弼の趣向範囲の広さを裏付けている。

＊近所に住む明治生まれの老女からは、安産の神さまが祀られているとも聞いた。

以上が現在の埋木舎の概容である。井伊直弼は十五年間をここで過ごした。奥座敷で読書や和歌、謡曲にふけり、茶室澍露軒にて「一期一会」の茶道精神を創造し、座禅の間で独座の悟道をし、柳王観音堂で観世音菩薩を信仰し、時折楽焼をつくり、書・画を楽しみ、一方、武道も道場ではもちろん馬で遠出をして琵琶湖畔の松並木まで駆け抜けるなど練磨したという。直弼の修練と人格形成の基礎がここで培養されたことを思うと感慨深いものがある。大久保家代々は、直弼が過ごした時代のままに埋木舎を保存することに努めてきたが、その一室一室、庭の木々の一本一本に至るまで直弼をしのぶものとして大切にしてきた。

因みに、埋木舎の庭の木々や四季折々に咲く草花は非常に多い。現在埋木舎の管理をお願いしている堤義夫氏（元滋賀銀行支店長）が十年以上にわたって観察され、まとめられた「埋木舎で鑑賞できる草木」（別表）を、同氏の撮られたいくつかの花の写真とともに掲載させていただく。

埋木舎で鑑賞できる草木　堤義夫 調べ

鑑賞に最も適した時期別に分類しています。

■春（３月～５月）

ウメ
サツキ
アセビ
ミツバツツジ
ヒラドツツジ
ヤマブキ
シロヤマブキ
ソメイヨシノ
シダレヤナギ
ワビスケ
シャガ
ヒメスミレ

■夏（６月～８月）

ザクロ
ミズヒキ
ツユクサ
カヤツリグサ
ドクダミ
ノアザミ

■秋（９月～11月）

ヤブラン
ヒガンバナ
キンモクセイ
サザンカ
モミジ
センリョウ
マンリョウ
ツワブキ
ハギ
ヤツデ
クリ
カキ
ススキ

■冬（12月～２月）

ツバキ
ナンテン
アオキ
オモト
スイセン

■通年

タブノキ
ネズミモチ
サカキ
アラカシ
カナメモチ
ヒサカキ
ハゼノキ
カクレミノ
モチノキ
カシワ
マキ
クロマツ
アカマツ
ツゲ
シュロ
センダン
ハラン
シダ植物

ハギ

ヤブラン

ヤマブキ

ツワブキ

ヒラドツツジ

サザンカ

二章
文化人・直弼を育んだ埋木舎

直弼は茶道、和歌、能の道にことさら執心していた。とくに埋木舎で過ごした時は、寝る時間を惜しんでこれらの道を究めるために修養したという。当時著した作品も数多く残っている。

茶――直弼の茶道

直弼の茶道の精神的真髄・バックボーンは「禅」の修行と密接な関連があったといえる。十三歳のころより佐和山の麓、大洞にある井伊家の菩提寺である曹洞宗「清凉寺」へ参禅していた。当初は道鳴《どうめい》禅師、次に師虔《しけい》禅師につき禅の修行を積み、さらに第二十三世住職として有名な高僧・仙英禅師に師事して奥義を究めた。直弼は「只管打坐《しかんたざ》」ただひたすらに座禅をすることにより、大悟徹底の域に達し、仙英禅師より印可証明《いんかしょうみょう》と次の附偈《ふげ》を授けられた。

無根水上活飛竜
排雲闥霧出九重
威気自然無畏処
霊幽未許得窺窮

冒頭の「無根水《むねみ》」は直弼が号の一つとして用いていたが、無限の泉すなわち仏法のことを意味

清凉寺　佐和山の麓、かつて嶋左近の屋敷地であったところに建つ。井伊家歴代藩主の菩提寺。

している。この附偈は、無限の泉から湧き出る水の如く、仏法の中で無限に修行し、活きた竜が何も畏れず威勢よく天に昇るように堅固な信仰心を持っている、という仙英禅師が直弼の信仰心を賛美したものであった。

さらに、直弼は仙英禅師から「南泉三不是」と「高峰六転語」の公案を授かり、「只管打坐」きびしい座禅の修行を積み重ねて「不是心、不是仏、不是物」の「三不是」の悟道を得るに至ったといわれる。こうして直弼の崇高なる人格形成と高邁なる識見と自己の正しさを貫く強い精神力は、まさに禅の心によって練磨された。後述する直弼の茶道の「一期一会」や「独座観念」、「余情残心」の真髄の根底には常に禅の精神があったことがわかる。

直弼の茶道は、禅宗を背景にした精神主義を中心とする茶道であった。

直弼がいつごろから茶道を始めたかは不明であるが、幼少のころより槻御殿で父・直中が催す茶会などに接していただろうと推測できる。直弼はお抱え能役者高安彦右衛門や真野善次（月窓庵）に茶道の手ほどきを受けたといわれる。真野善次は石州流家元の片桐宗猿にも直接師事しており、直弼自身も宗猿の指導を受けたとも聞く。直弼の茶名「宗観」は石州流の祖の片桐宗関と同音である。

直弼の茶道に関する著書は有名であるが弘化二（一八四五）年十月に澍露軒主人として書かれた『入門記』の中の、「抑喫茶道者、脩心之術、而万法之上無漏」から始まる数行の中に直弼の茶道に関する基本的な考え方が表れている。

「茶道は心を修練する術であり、自ら五倫の道が備わっている人物で各人の本業が成り立ち励勤するような一助となるものであって、出家も茶道により修行が深まり、公家は本朝の風俗にもかない驕らず礼譲の道も正しく行われるようになり、武家は戦さを業とするので狐疑の心なく戦勝の為の決断力も必要であるので、その為には先ず自分の心を修め勇気を養うよう大器量を有する者ではなるまいから陣中でも茶事を催し一席会合するような余裕を持たなければなるまい。農工商の人々にとっても茶道を修めることは本業を助けることとなろう。……真の茶道とは貴賤貧福の差別無く、自然体で常事心静めて喫茶する修行である。天下泰平になり茶道は快楽に耽ったり金持の玩弄物《もてあそびもの》となって御道具や茶室等贅沢なものになったがこれは邪道であって、貧賤の身分の者でも立派な心を有する者は茶道の稽古はできるのである」

こうした考え方は、当時としてはまさに革命的であり「埋木舎」における質素倹約の生活の中から豊かな心の修行を茶道において探求しようとした直弼ならではの茶道の心であろう。

埋木舎時代の直弼の茶道は、茶の湯の稽古ばかりではなく、茶の湯の古書を読み、抜粋や研究も行った。その成果は、まず『栂尾《とがのお》みちふみ』や『閑夜茶話《かんやちゃわ》』でみることができる。

『栂尾みちふみ』*は直弼二十歳代の執筆とされ、その中で、茶の湯の原点を鎌倉時代の僧明恵上人に求めている。明恵上人は栂尾高山寺の僧で、中国から茶を伝えた。

『閑夜茶話』**は直弼がいかに広く茶書を渉猟し知識を整理していたかを示す著作である。さまざまの茶書から抄出し、あるいは自分流にまとめ、整理して書き綴った史料集であり、茶の湯挿話集であり、心得集である。出典として『南方録《なんぽうろく》』が多く占めているのは直弼が最も強い影響を受けた著書であることを証している。

直弼の茶道の心が見られるので『栂尾みちふみ』の本文中より一部を抜粋して以下に掲げてみる。


……、茶の湯といふもの、むつかしき事もなく、いと安き上にもしやすきハ、その手前にても、さたまるというほとの法とてもなく、器ハもとよりあるかまかせて、めつらしきもあながち好にあらず、竹一ふしの蓋置に、三つ四つに崩れたる茶入の、まかせてきたなげなるとも事たり、実ニ和ニ、閑ニ、かの囲炉裏といふもの丶かたへに、したしきかぎりふたりみたり打ちかたらふころ、菅根の長き日、春雨なと打つ丶きて、釜のにえ音しづかなるに忍ふにつとふ軒の玉水、ほとたりと声そへ、青柳の糸につながるゝ、霞をあはれみ、夏の夕辺ハ、窓のいよす、あるハ枝折戸之、木深き所々に、夏忘れ水打そゝぎて、心すゝしきをりからに、山ほとゝきすの音信をめで、秋の夜ハ、蛍の声、……まづしき人の、おのづから侘たる室に、あるじの心至りたるこそ、まことによけれ、……此室ニてハ、あだなる事ハなくて、すべて心易く、重しも饗せねハ、あたなる事ハさらになく、実の友誼の交りをなし、己か身の行にも、心ををさめ、よきたつぎなるそ、此道の本意なりける、心清き法師もたけき物部も、貴き極ミ、賤きかぎりまで楽ミといふニ猶まさるものたのしみハあらじ哉、

柳和舎
宗観

＊「栂尾」とは日本で初めて茶園を開いた高山寺の山号で、「茶」を示し、「みち」は「道」、「ふみ」は「文」となり、つまり「茶の道の文」という書名だという。

＊＊『閑夜茶話』は茶事を催す上で教訓となる逸話を集録していた未完の稿本で『南方録』からの出典が多いとのことである。弘化元年ころから書き始められたという。

埋木舎における直弼は、経済力を誇示し道具に凝った茶を世間茶といって排し、茶道の真髄に迫ろうとした。茶席の順番も貴賤尊卑の別は問題とせず、業の巧拙、時の主伴により分けた。直弼の門弟は、家臣の中でも母衣《ほろ》役クラスが多い。御側役、椋原主馬には「宗収」、宇津木六之丞には「宗洗」、また筆者の曽祖父大久保小膳には「宗保」の名を授けたり、自作の香合《こうごう》や茶器を門下生に与えている。さらに、茶室に出入りする者は分け隔てをせず、左官屋の利八をも賓客の一員に加えていた。この他、武人、僧侶、医師、儒者、俳人、絵師等を招き、雅談俗談、炉辺に起り貴賤貧福膝を交えて語りあった。

直弼の著『茶道の政道の助となるべきを論《あげつら》へる文』の中にも「喫茶中に貴賤を選ばすといふ事よく人々のいふ事なり」とか「喫茶の道は、上は雲の上より下賤の田子に至るまで、少しも違ふ事なく相応《ふさ》はしからぬ事もなく、誠に同じく行はれて、又富者・貧者是又共に同じく楽まるる道なれば……」と平等を説き、自らこれを実践した。

直弼が中村宗哲（八代目）に注文した月次《つきなみ》茶器は有名である。

一月　黒大棗　柳竹に鶯の蒔絵
二月　朱薬器　桜に雉子の蒔絵
三月　溜中棗　菫《すみれ》に雲雀の蒔絵
四月　面中次　卯花に郭公の蒔絵
五月　刷毛目解形　橘に水鶏の蒔絵
六月　摺漆金輪寺　撫子に鵜飼の蒔絵
七月　潤朱下張棗　女郎花に鵲の蒔絵
八月　紅溜八角中次　萩に雁の蒔絵
九月　透漆平棗　薄に鶉の蒔絵
十月　叩塗吹雪　残菊に鶴の蒔絵
十一月　洗朱丸棗　枇杷に千鳥の蒔絵
十二月　割蓋　早梅に水鳥の蒔絵

直弼の茶の湯に関する著書はいくつかあるが、安政四（一八五七）年に完成した茶道の

月次茶器（個人蔵）

指導書『茶湯一会集』をまずあげねばならない。その他には『入門記』『をりをり草』『浜の真砂』『炉風炉の分別』などを書き『水屋帳』二冊の茶会記を残している。

次に『茶湯一会集』より「一期一会」と「独座観念」の文章をあげて直弼茶道の真髄を知ることとしよう。

一期一会《いちごいちえ》

此書は、茶湯一会之始終、主客の心得を、委敷《くはしく》あらはす也、故に題号を一会集といふ、猶一会ニ深き主意あり、抑茶湯の交会は、一期一会といひて、たとへハ幾度おなし主客交会するとも、今日の会《え》にふたゝひかへらさる事を思へハ、実ニ我一世一度の会也、去るニより主人ハ、万事ニ心を配り、聊《いささか》も麁末《そまつ》なきやう深切実意を尽し、客ニも、此会ニ又逢ひかたき事を弁へ、亭主の趣向何壱つもおろかならぬを感心し、実意を以て交るへき也、是を一期一会といふ、必々主客とも等閑《なほざり》にハ一服をも催すまじき筈之事、即一会集の極意なり、………

この直弼の客人をもてなす真摯な誠の心に注目する。直弼は云う。何回同じ人と会ってお茶を出しても、その都度大きな時の流れからしてその各会ごとには異なるのであるから、客人の気持ちになって全力でもてなさなくてはならない。流祖石州やさらに利休などの茶人も、茶会ごとに茶道具や掛物や飾り物を替えたり、より華やかな棚物等でめずらしがらせたりして客人を嬉しがらせようとするが、これは真の茶の湯とはいえないのであって「いつも同じ物をもちひ、飾り、手前迄尋常にして、心を引かへ改めもてなす事、茶道の大本也」と直弼は云い切っている。すなわち、茶室や茶道具や飾りも質素な同じ物でも、各茶会ごとに茶の湯の主人は襟を正し心より温かく客人を迎え、全力で歓迎の茶の湯をお出しすることが本当の茶道であろうというのである。「この前お会いした」「度々お会いしている」「また、近々お会いする」というようなマンネリ的気持ちではダメで、一回一回は同じ一服のお茶でも、人生の流れにおいて主人も客人も過去にも将来にも絶対に同じ時はありえない一瞬であり、たがいに最高に尊重しあう人と人とのコミュニケーションの真剣勝負なのであるというのが、直弼の一期一会の茶の湯の極意であるといえよう。

独座観念

主客とも余情残心を催し、退出の挨拶終れハ、客も露地を出るに高声ニ咄さす、静ニあと見かへり出行は、亭主ハ猶更のこと客の見へさるまても見送る也、扨中潜《なかくぐ》り・猿戸、その外戸障子なと、早々〆立なといたすハ不興千万、一日の饗応も無ニなる事なれハ、決而客の帰路見へすとも、取かた付急くへからす、いかにも心静ニ茶席ニ立もとり、此時にしり上りより這入、炉前ニ独座して、今暫く御咄も有へきニ、もはや何方まて可被参哉《まいらるべきや》、今日一期一会済て、ふたゝひかへらさる事を観念シ、或ハ独服をもいたす事、是一会極意の習なり、此時寂寞《じゃくまく》として打語ふものとてハ、釜一口のミニシて、外ニ物なし、誠ニ目得せされはいたりかたき境界《きょうがい》なり。

「一期一会」の精神は「独座観念」さらに「余情残心」へと展開する。茶席が終了し客人を見送る時、また、見送って客人が帰られた後までも主人の気くばりは極限となる。本日の茶席の茶の湯一服で客人へのおもてなしは満足いただけたか否か、心をこめて御接待したのに喜んでいただけたかどうか等々相手の客人の立場に立ってあれこれ考えながら茶室にもどった主人は一人でもう一服のお茶をいただきながらあれこれ思いをめぐらす静寂とした一時が「余情残心」であり、「独座観念」である。正に主人と客人との心と心のコミュニケーションであり、お互いの「他者理解」の一つの極限であるかもしれない。

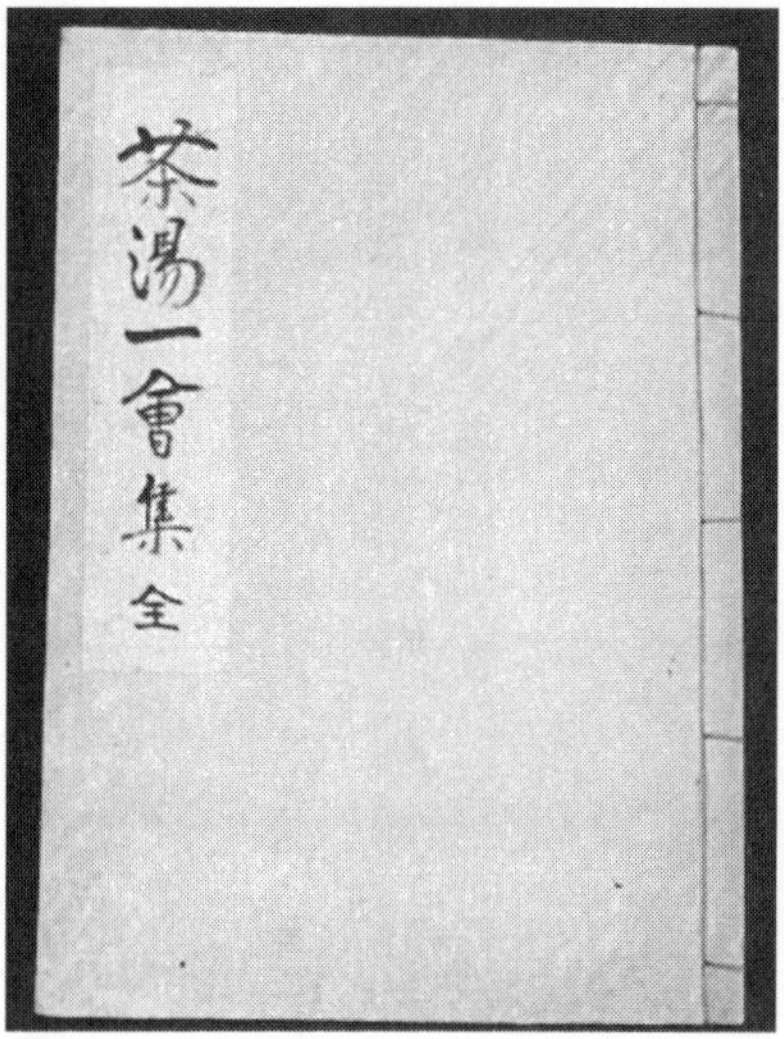

『茶湯一会集』（大久保小膳写本）
大久保小膳は安政２（1855）年に「宗保」の茶名を与えられ、安政４（1857）年８月に、直弼が完成した『茶湯一会集』の書写を許された。また自らが日々書き留めていた「茶事心おほへ」は直弼の茶の湯研究において解明の糸口ともなっている。

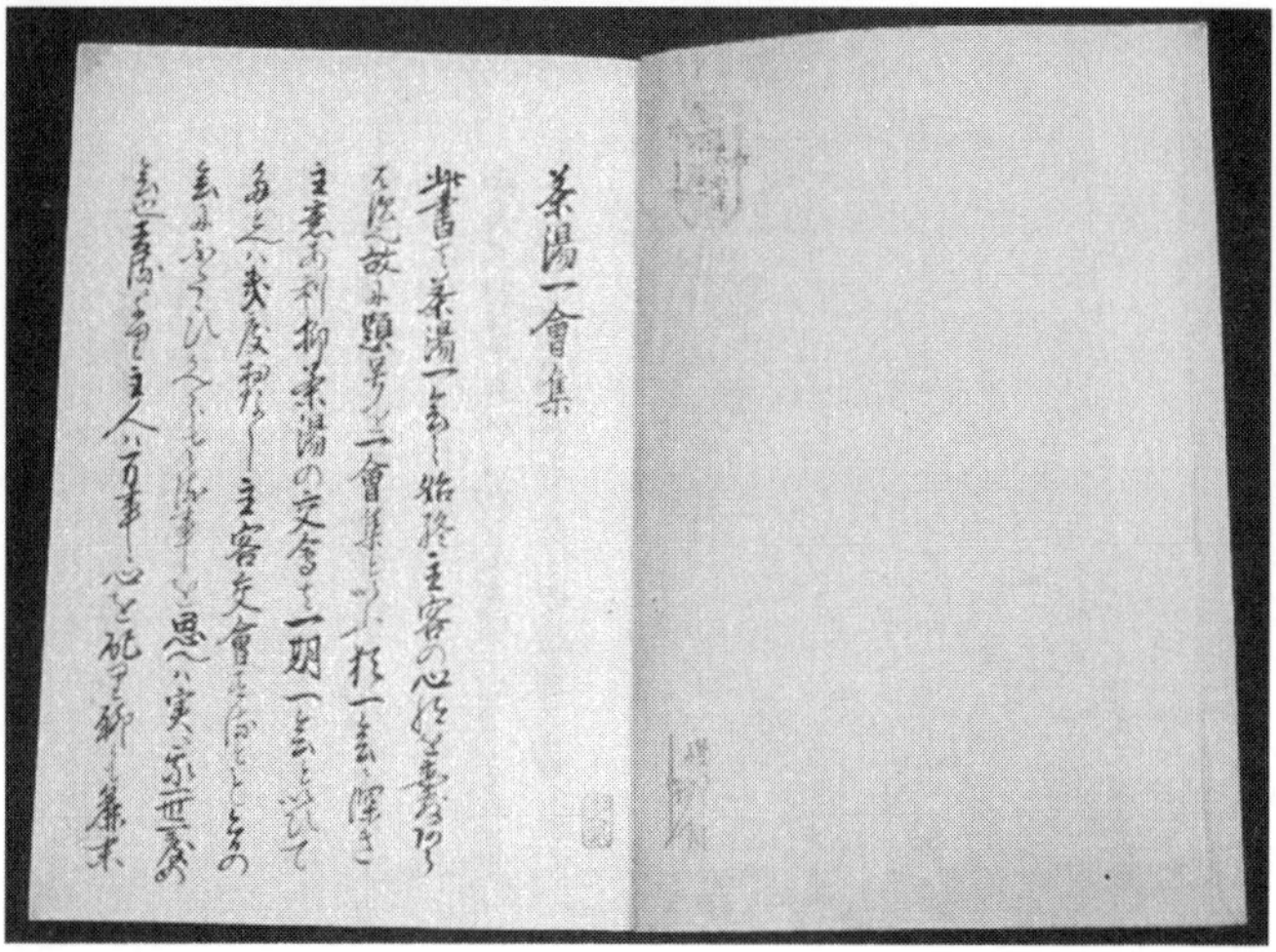

直弼の茶道は、茶室や茶器や書画に執着し凝ることをしない「心」の茶道であることは前述したとおりであるが次の様にもいっている。

茶を論ずる事点前《てまえ》にあらず、服を論ずる事、濃薄にあらず、珍味とする事、めづらしきにあらず、美味とする事、なまぐさきにあらず、饗する事、酒をもってするにあらず、懐石は、料理人を用ひず、露地は、植木屋を入れず、数寄屋は、工匠《たくみ》に任せず、上手は上手にあらず、下手は下手にあらず、賓は賓にあらず、茶人は茶人にあらず、有は有にあらず、無は無にあらず、いづれか茶の湯の茶の湯たる。

このように直弼は日常生活の中で、心の静寂と落ち着きを求め、「即身即仏の妙境」に身をおき、「天地融合の徳」でもって真の茶道を探究していったのである。

直弼は十三歳から清凉寺に参禅したことは前述したが、次の「茶湯心得」は二十七歳の時のものである。禅の悟りであり、茶の湯の境地であり武道の極意にも通ずる、「埋れ木」の真髄でもあったのであろう。

茶湯三言四句《さんげんしく》

茶非茶（茶は茶に非ず）

散りかゝる　池の木の葉をすくひ捨て

底のこゝろも　いさきよきかな

非々茶（茶に非るに非ず）

さわかしき軒のあられもないとひそ

しつかなる夜の　友ならすやは

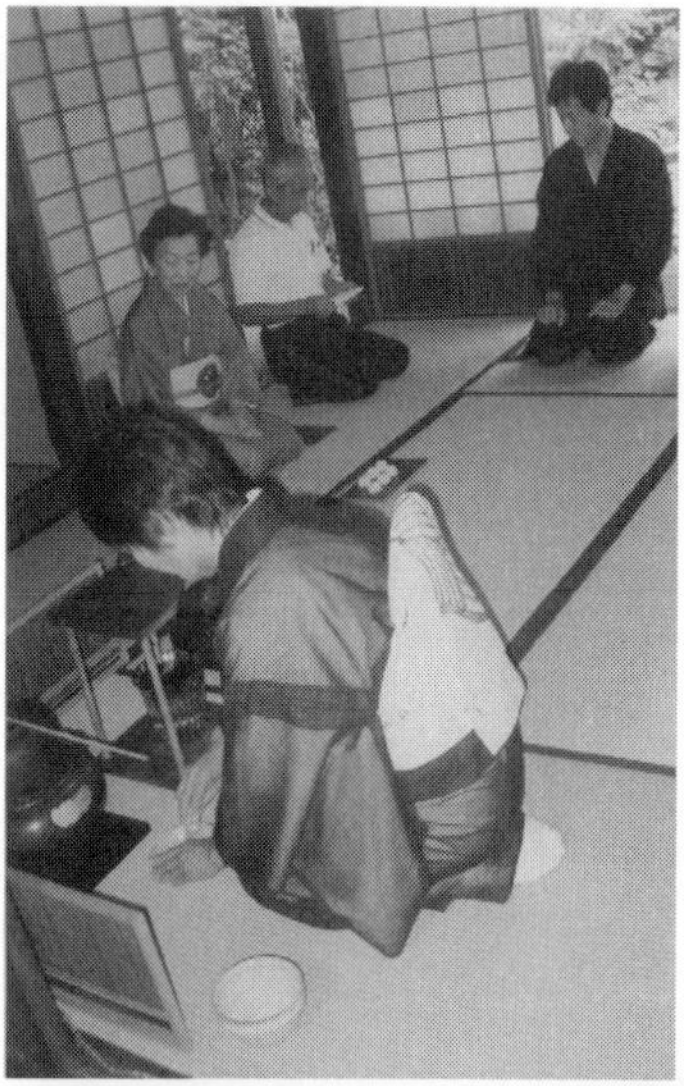

埋木舎で開かれた彦根一会流「樹聖会」の茶会（上下とも）
樹聖会は直弼の茶道を研究する石州流の一派で、神野紅舎氏（写真下左から２人目）が主宰。

只茶耳（只茶のみ）
何《いず》くにか　ふみもとむらん　そのまゝに
道にかなへる　みちそこのみち
是名茶（是を茶と名づく）
あらはれて　見しは社《こそ》あれ　峯の花
たにのつゝしも　へたてあらしを
直弼は「茶をたしなむ人世に多しといへども、茶をよく喫するもの又少し」と前書して
とも角に心の塵をまづ掃きて
のむべかりけり　宇治のつみ草
と悟りをひらいている。

歌―直弼の和歌

埋木舎時代における直弼の「歌道」を論ずるにはその表裏一体となっている「茶道」について今一度ふれる必要がある。三十一歳で自ら創造した茶道の指導書『茶湯一会集』『入門記』『をりをり草』『浜の真砂』『炉風炉の分別』『水屋帳』は直弼の茶の指導書としてよく知られるところとなったが、ほかに大久保家所蔵文書の中にも『茶之湯亭主心得』『茶の湯道しるへ』『茶事心覚』『十箇条』の冊子が現在に伝えられている。茶道に関する著作はことほど左様に多い。それらの中に『茶湯尋書』がある。

直弼は埋木舎時代は彦根の茶人について「石州流」を学び、その後江戸の宗家・片桐宗猿にも師事したといわれている。『茶湯尋書』は、江戸にいる時に片桐宗猿と交わした書状（十三通現存する）をまとめたものである。その中で、茶道と歌道さらに禅学との関連を尋ねている興味深いものがある。

直弼は「茶の湯は仏道、歌道を兼たる由申伝説」という項目で、

「怡渓之説ニ、三ツ即一、一即三ツト云は、可也。兼ルト云は差別ニ渡り、本理ニアラスト云。是

不朽之説ト思はるる也、但シ兼ルト被申ニ意味ある哉」

と質問している。

片桐宗猿はこれに対しては

「儒者も四畳半の座敷かまへ、礼義を正し、明徳を明らかにせん事を学ぶ。仏者も方丈を構へて心意をミかき、成仏得道の理をさとる。茶の大意、仏法を旨とするもの也、歌道も人の心を種として無量無辺の事を云顕ハすといふ事なく、能《よく》人情を和らけ、感応する時は、鬼神をも驚かす。則仏道・歌道・茶湯・其理一也。依之三鼎即一といふ也」と答えている。

直弼は、茶道・仏道（主に「禅」）・歌道を三位一体のものと捉えて精神修養を重ねていた。宗猿の回答は直弼の埋木舎での修行の正しさを認めたものとして注目される。

直弼の「茶道」は精神主義を中心とする真の茶道であったが、その心は常に「歌道」の表現へ通じ、バックボーンには「禅」があった。文化人・直弼の卓越した素養が窺えるところである。

直弼が何故「茶道」をやるかについて、次のように和歌で答えている。

茶の湯とてなにか求めんいさぎよき

心の水をともにこそ汲め

何をかはふみもとむべきおのづから

道にかなへる道ぞ此のみち

禅の「無」の境地から「侘」の世界に没入することを潔しとしたのだろう。

柳の歌

直弼は「柳の木」の風に逆らわぬ柔順な姿に魅せられ、埋木舎においてもこよなく「柳の木」を愛した。埋木舎を「柳王舎《やぎわのや》」「柳和舎《やぎわのや》」とも呼び、「柳」にまつわる和歌を数多く残している。俳句集としては「柳廼落葉《やなぎのおちば》」があるが、和歌集としては「柳廼四附《やなぎのしずく》」がまずあげられる。

霞より花より春の色をまつ

岸にミせたる青柳の糸

のどかなる庭の柳のいとゞしく
　しづこゝちして風のふく見ゆ

また、「和敬清寂」の心境を柳に托して

そよと吹く風になびきてすなほなる
　姿をうつす岸の青柳

埋木舎に庭の柳を見て

ならははやしらぬ雲井は余所にして
　常にしたるる庭の柳に

後述する長野主膳との別れに際しても

我が宿の柳の糸も何かせん
　別るる人を繋ぎかねては

直弼が埋木舎を出て江戸へ参った後、家臣へ送った書状の中にも
「玄関先之柳の木一二年生長致候、右は普請方より、外の木とは我等大事ニ致居候事故、枝を打候とも、あまりきつい事致不申様に、心付呉候様に申含候儀は相成申間敷や比段相談申入候、と
んと枝も打不申ては、又々重く相成候事故、葉出候後、所にすかし、追て帰国まで無雑に大木に
相成候様致度候、比段取計有度候、我古郷に植置し柳の今なんよく栄えたるといひおこせるに

うゑ置し柳の木の芽はるばると
　開くもうれしき人の言の葉」

とある。直弼の柳の木を大切にする気持ちは、埋木舎時代の「心」のよすが「気」の源泉とも思
えるもので、きめ細かい愛情すら感じる。

花鳥風月

十五年間の埋木舎における直弼の生活は単調であるだけに自己にきびしく強い修養の気概でいなければならなかったであろう。三百俵の捨扶持では物質的には贅沢はできなかったであろうが、心は実に豊かであったにちがいない。埋木舎が宇宙であり、一本の草木、月、風、虫、鳥までコミュニィケーションの対象として、研ぎ澄まされ、止揚された清純な直弼の五感によって、すばらしい和歌へと昇華されていったのである。

池に映る月を観て

みな人の雲に心をうつすかな
　水に浮める月を見すして

月夜に軒端の梅を観て

春の夜の月はお本路廼影なから
　さたかににほふ軒のうめか枝

庭に輝く月を眺めて

百敷のうちにかかやく月影の
　あたし国までくもらぬやそ

茶室・澍露軒にて松風の音を聞いて

朝夕に馴れて楽しく聞くものは
　窓の内なる松風の声

郭公の鳴くを待ちて

あこかれて音をやもら須ほとときす
　月にあま夜に寝られさりけり

澍露軒前の萩を眺めて

窓近く咲き乱るるや萩の花
　やさしく垂れて鹿子《かのこ》の錦

夏の初め、雨やみ晴れた日に

我宿はしかも茂れる庭なるに
　いつの木の間を夏は分け来ぬ

十五夜雨降りたるとき
雨雲は立覆ふとも望月の
くもらぬ影ぞ空に知らるる

画賛

直弼は、一幅の掛軸に描かれた素朴な絵にも創造力を働かせ、和歌の表現をもってその画の表している世界を観賞している。すなわち画賛である。

直弼は絵を家臣の中島安泰に学んだが、禅味も加えた独自の筆で、達磨や布袋、月や花、狸の絵などをさっと描き、それに一首書き添えて茶席にかけたのである。

筆者の曽祖父大久保小膳が拝領した掛軸に、

空にすむ影ならなくにいかなれは
　心の月をあふく布袋そ

かすかなる野辺のすすきの行末や
　月見るために生やしぬらん

さやかなる月みるよはも中〳〵に
　くまある薄あはれなりけり

などがある。
この他に一行ものもあり、絵画では

やよころぶころぶ此小法師の尻のかるさよ

などと賛した達磨の図や、

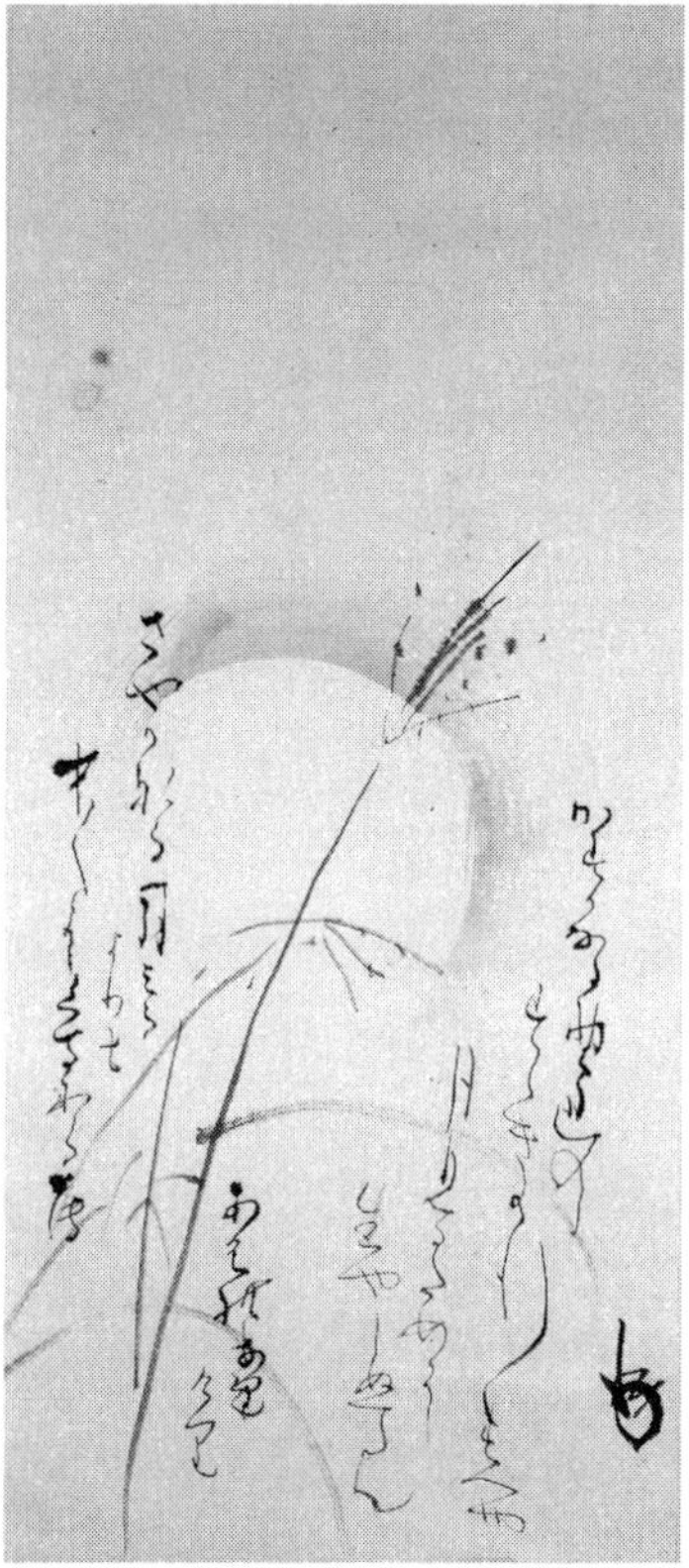

月に薄画賛　井伊直弼筆

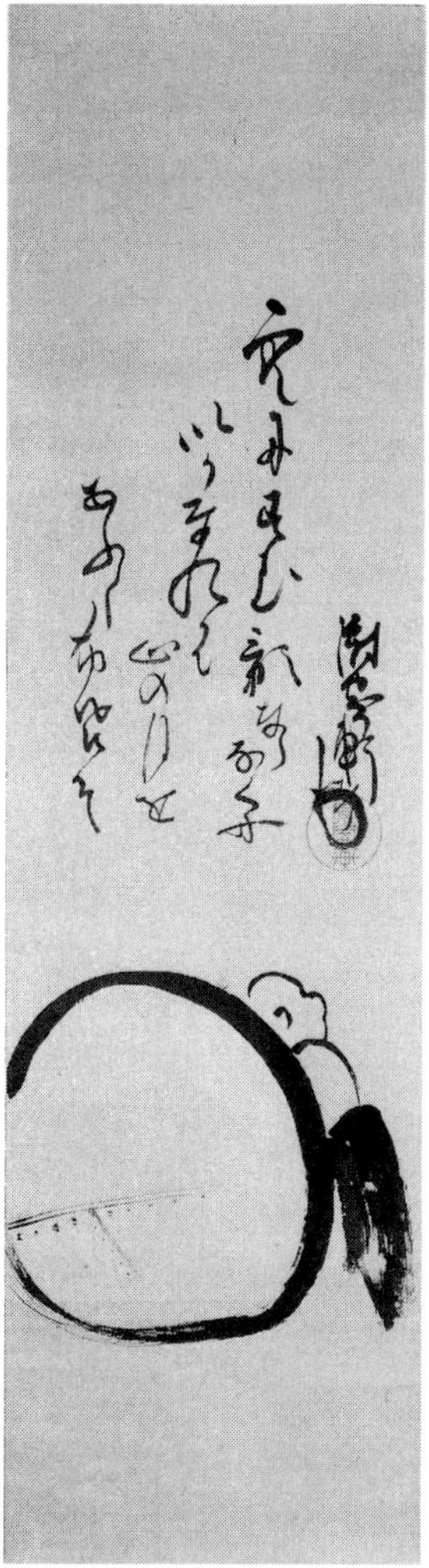

布袋画賛　井伊直弼筆

かくままに布袋に似たりこの布袋

と禅味横溢の月賛の布袋の図や、

ならはばやしらぬ雲井は余所にして常にしだるる庭の柳に

とした柳の図などがある。

また千準和尚の書かれた達磨の画賛として、

澄み濁るあとこそ見えぬ谷河の

その水上に分のぼりては

再び「布袋画賛」として、

すみ渡る心の月をいかなれば
　空に眺むる人ぞをかしき

「達磨の蘆葉に乗れる画の賛」

よしあしに心をおかですめる江を
　一葉にのりの人ぞたふとき

などがある。

藩政に決意

埋木舎時代以降においても、直弼は、その心境を和歌のかたちで表現していることは興味深い。本稿は、埋木舎時代の直弼像を明らかにするのが目的なので、直接その対象ではないが、埋木舎時代の人格形成がその後の直弼の政治姿勢にどのように影響しているかを考えるための参考として、その主なものを少々述べてみよう。
弘化三（一八四六）年二月、埋木舎を出て江戸へ出発する。兄・直亮の養子となりお世継ぎになるためである。そして、五月より溜間詰として一気に幕府政治の表舞台に躍り出たのである。直弼三十二歳。翌弘化四（一八四七）年二月には、浦賀海岸の警備を彦根藩に命ぜられるが、直弼は、現地へ向かう藩士たちに意を注いで一首詠んだ。

露けくも秋の夜すがらあかす哉
　袖の浦賀を思ひやりつつ

嘉永四（一八五一）年、前年九月兄・直亮の死去の後初めて、彦根藩主となって江戸より彦根に帰るが、領民に対する仁政の決意を和歌で表している。

覆ふべき袖なむ狭し如何にせむ
　ゆく道しげき民の草葉に

よそに見て有るべきものか道の辺に
　出で立つ民の慕ふまことを

直弼の仁恵思想は領内巡視も寒暑をいとわず前後九回にも及び、領民の困窮を救済した。飛び地の佐野領まで巡見した。

此のほどの旅のつかれも忘れけり
　民すくはんと思ふばかりに

恵まずであるべきものか道のべに
　いでたつ民のしたふまことを

慈愛

直弼はまた両親の御恩に対しても常に敬意を表していた。

父君の十三回忌に当たって、

夢のごと十あまり三つのとしを経て
　かへるうつつはなみだばかりぞ

龍潭寺へ母の墓に参詣して、

そのかみの煙と共に消えもせで
　つれなく立てる松ぞわびしき

このやさしい心は露の間の蛍のはかない生命にまで向けられていた。

影見せて過ぎし蛍の名残りかも
　蓬《よもぎ》が窓の露の白玉

辞世

安政五（一八五八）年国難に際し、直弼は大老職に就任、その覚悟のほどを和歌で表現した。

梓弓かけ渡したる一筋の
　矢たけ心ぞ武士の常

安政六（一八五九）年六月、日米修好通商条約に調印、国際協調主義、平和外交にて国難を救う英断を行うが、開国に反対する倒幕、反体制運動に対して九月ころより取り締まりを強化。いわゆる「安政の大獄」である。

安政七（一八六〇）年桃の節句の祝杯に江戸城へ途上の桜田門外において、水戸浪士たち（一名は薩摩藩士）のテロ行為の凶刃に倒れる。享年四十六歳の若さであった。時の最高権力者・大老井伊直弼は、真に国難を救ったのであったが、真白い春雪を真っ赤に染めて開国の花と散ったのであった。その瞬間、直弼の脳裏には、権力を持たなかった、しかも貧乏生活、しかし文化人

として充実していた青春時代を過ごした「埋木舎」での苦しくも楽しい思い出が走馬燈のように
めぐったにちがいない。

桜田門外の変の二ヶ月前、直弼は自分の肖像を描かせ、そこに和歌を一首添えて、菩提寺・清涼寺へ奉納している。すでに死の覚悟を秘めていたのだろうか。

あふみの海磯うつ波のいく度か
　御世にこころをくだきぬるかな

死を決しての懸命の政治の善意の伝わらぬ反体制グループ、テロリストたちはいつの世もいたのである。

春浅み野中の清水氷《つらら》ゐて
　底の心を汲む人ぞなき

桜田門外の変で死去の一日前の和歌。

咲きかけしたけき心の花ふさは
　ちりてぞいとど香の匂ひぬる

直弼の「和歌」は、正に「歌道」の心と「武士道」の心を一体化させたもので、命をかけて開国の花の大輪を咲かせ我が国の平和と国際協調を創り出した直弼の人となりがよく表されている。「和歌」を通じてひしひしと伝わってくる「心」「気」が、百年以上経た今日でも痛いほど理解されるのである。

東京都世田谷区豪徳寺にある直弼の墓

ポン――直弼と謡曲、鼓

「能」といわれているものは古くは唐の「散楽」や我が国の「猿楽」等の流れをくみ、観阿弥、世阿弥父子により足利義満から義政の時代にその庇護により完成され、武家の芸能的教養として豊臣秀吉、徳川家康らによっても保護されて「能楽」として発展、確立してきた歌舞劇である。将軍や諸大名にも幕府の式楽としてまた年中行事や公式の客人の接待としても喜ばれたのである。徳川歴代将軍も能の愛好者が多く、家康は観世黒雪を大和四座の首位に据え、秀忠も喜多七太夫に一流を樹立させた。家光は能役者を士分に取り立て優遇した。幕府はその後も能楽を庇護したため、政治に口出す能楽師すら現れたという。

能楽に対する幕府の保護の影響で、彦根藩でも能楽が盛んとなった。

四代藩主井伊直興は江戸邸に能楽師を五十五人抱えていたが、この能楽師を彦根の長純寺の南隣、元百人組長屋のあった地に移住させている。

藩の能楽師には百五十石の知行取が一人、百石が二人いた。また給金扶持米が与えられた者は五十二人もいた。また、彦根藩は喜多流が盛んであった。歴代藩主は能楽を大変好み、稽古の相

彦根城博物館能舞台
寛政12（1800）年、井伊直中藩主の時代に建てられた。
毎年定期的に能や狂言が上演されている。

手役を仰せ付けられた藩士も多く、城下では能楽会も盛大に挙行されている。

井伊直弼（宗観）も大変な能楽の愛好者であった。

直弼は後述するように仏教にも大変関心があったので謡曲の内容も仏教教理と関連するものが多く、その節は「梵唄《ぼんばい》」という仏教の謡いから変化したものといわれている。能の脇師が、謡った後片膝を立てて座る所為は仏教での「胡跪《こき》」の座り方であるという。直弼はこれら仏教とも通ずる能や謡曲に大変興味を持っていたのであろう。

直弼は謡曲を嗜んだが特に「小鼓」が上手であり、埋木舎で四季を通じて、ポンポンという喜多流の小鼓の音が響いたという。秋萩やすすきが満月に照らされ埋木舎の庭がぼーっと浮き出てくるような夜、澄んだ空気を通しての「ポーン」「ポーン」という小鼓の音は、正に幽幻の境地といえるものであろう。

直弼は芸事には熱中する方であったが、謡曲についても自ら創作したものが伝わっている。それは「筑摩江《つくまえ》」という謡本である。

「筑摩江」は「伊勢物語」第百二十段の「近江なる筑摩の祭とくせなむつれなき人の鍋の数見む」という歌にある琵琶湖畔彦根領の筑摩神社春祭「鍋冠祭り」に取材したもので、埋木舎時代の直弼直筆のものという。

能「筑摩江」
シテ：出雲康雅
平成 19 年 1 月 27 日
於：横浜能楽堂
撮影：神田佳明

平成二年（一九九〇）年に彦根城博物館で謡のみが上演されたが、平成十九（二〇〇七）年一月二十七日には、横浜能楽堂開館十周年記念企画公演「江戸大名と能・狂言」でこの「筑摩江」が百六十年ぶりに上演された。彦根城博物館に残っている直筆の謡本に手を加えて現代に甦らせたものである。出演は井伊家お抱えだった喜多流、さらに、直弼のお抱えだった茂山千五郎家の後継・茂山千之丞が中心で、直弼作の狂言「鬼ヶ宿」とともに「筑摩江」が上演された。

直弼と能「ポン」については筆者は十分に調べていないところであり、大久保家文書やその他の史料でも未研究の分野であるので、他日を期してまとめたいと思う。

埋木舎における禅と武道の修養

直弼は埋木舎において青春のエネルギーを勉学と修養にぶつけた。夜は四時間眠れば十分だといい、国学、和歌、俳句、武道、茶道、座禅、謡曲、陶芸、書、画、政治事情等まさに広範囲にわたって、超人的に修養、研究し、しかもその蘊奥《うんのう》の域にまで精通するものが多かった。

直弼は十三歳のころより大洞にある曹洞宗の井伊家の菩提寺「清凉寺」へ参禅し修行したこと、仙英禅師から「南泉三不是」と「高峰六転語」の公案を授かり「只管打坐」きびしい座禅の修行を積み重ねて、「不是心、不是仏、不是物」の「三不是」の悟道を得るに至ったことは先に述べた。これは「仏とは心であり、また宇宙に存在するあらゆる物でもある。しかし、仏とか心とか物とかに執着すればかえって道を誤る」そして肝要なものは「心でもなければ仏でも物でもない」つまり「三不是」となるという。

直弼は禅のみならずさらに仏教全体の研究も行った。一時は長浜にある東本願寺の別院、井伊家とも姻戚の「大通寺」に入山し仏門に入ろうと決心したことさえあった。直弼の仏道修行は、父・直中の仏教に篤い信心の影響を強く受け継いでのものであった。直中は天寧寺《てんねいじ》を建立していた。直中は強い実行力の人ではあったが短気のところもあり、子を宿した腰元がいると聞き、処罰したところ、相手は直中の長男だったと後で知り、その後悔の念のための寄進といわれている。直弼は、直中の遺志を引き継いで出家しようとしたようだが、仙英禅師などから、武門の人はまず武道を修練せよといわれ、結局直弼は仏門には入らなかった。このことが後からみれば、大老になるまでの道筋が開けたともいえ、運命のめぐり合わせの妙を感じる。

直弼はある時、仏教の八宗派の中でどれが最もいいかという質問に対して、次のように答えて皆同じ仏の道であると言い切ったのであった。

古歌に云う「分けのぼる麓の道は多けれど同じ高嶺の月を見るかな」を知らずや、八宗何れか優劣あらん、その説くところは別なるも、要は一点の眞如にあり、苟も眞如を得んか、西よりするも、東よりするも、その唯、その人々に依って、可と信ずる道を採るのみ、豈、八宗何れの宗義の可否を論せん。

このように、直弼の崇高な人格と高邁な識見、また自己の主張をつらぬく強い精神力は、まさ

天寧寺境内の五百羅漢

天寧寺にある井伊直弼供養塔
長野主膳の墓やたか女の石碑も境内にある。

に禅の心によって練磨された。後年、日本の開国を断行し国難を救う決断力も、この仙英禅師等の影響が強かったともいわれる。禅の「正法眼蔵」にいう「受身捨身、ともにこれ布施なり」という道元の教えにより、直弼は正に「捨身の布施」――一命をささげて困難に対処し、開国近代化への真理を与えたのであった。

直弼のこのような仏道を究めた心は、茶道の「一期一会」という思想や和歌の作風、さらにあらゆる人格形成の基盤となって顕れているのである。

武道について述べれば、直弼は幼少のころより藩士を相手に、兵学、剣道、槍術、弓術、馬術、居合術等広範囲にわたって修練した。しかもそれぞれにおいて実力は相当なもので、達人の域といわれるスーパーマンであった。いわゆる殿様おけいこではなかったわけである。

特に居合術は指南役、河西《かさい》精八郎《せいはちろう》充信《みつのぶ》についてその技を練り、自らの居室の一隅にも居合坊主の抜形を置いて、これに向かって練習し居合の極意を得て「新心新流」という一派を創設するに至るのである。直弼は「新心の古流より善悪を改めて一流を立つるに至ったのも、新の字に通じ奥儀にもよく叶へりと思ふ」として、形式を捨て内容充実をはかった。

「新心新流」は三段に分けて次第に薀奥の域に達していくのである。初の七段はもっぱら業《わざ》を学んで本当の勇を養成する。この段階で居合挙法の根本精神を鍛える。次の五段では、基礎的業を応用し、実践的の活法に入るのである。さらに奥の三秘伝に至れば、初の七段と中の五段が昇華して、縦横自在、事理一体天下無敵の境地に至るのである。事理一体は身心一如、幽現一致であり、神人冥合である。この三秘伝とは保剣、破剣、神剣である。「保剣」とは勝を保つ意味で、滅多に刀を抜いてはいけない。すなわち、永久の勝利者の地位を保つ真の勝利である。その場の怒りで一人の敵を討って家名を亡ぼすより、忍耐し動ぜずして子々孫々まで勝利者の地位におくことである。「破剣」とは天道と政道とに逆らうものを退治する意で、逆を制するの徳に至る。すなわち、名分正しく神慮に叶い、天の冥護を得る場合は手を下すのである。「神剣」とは、兵を水の変化にたとえ、実を避けて虚を討つの徳をいうのである。

これらの居合の極意を、直弼は『七五三柔居相秘書』と名づけて著した。

こうして、直弼はこの極意のごとく自らの生涯に対処したように思える。安政の大獄や日米修好通商条約の締結、将軍継承各問題は、当時の法秩序、政治権力に従って対処したのであり、桜田門外の変でも、偏狭なテロリストに勝つよりも、長年にわたる国難を救った直弼の国際協調主義の偉大さが評価されて真の勝利者となったことを思い起こせば、まさに「三秘伝」の実践であっただろう。国民を欺瞞し圧迫して太平洋戦争を起こし、我が国を有史以来の敗戦に導いた自分勝手な虚勢を張っていた者どもと直弼を対比すると、あらためて直弼のスケールの大きさに驚かされるのである。

『七五三柔居相秘書』中奥三段の秘伝の原文を次にあげておこう。

保剣、破剣、神剣の中保剣の段

勝をたもつを真之勝と云。保つは相続の意なり。人を討のみをは勝といふべけんや。たとへば一朝の怒に是を動して、一人の敵に勝事を得たりとも、家名を亡くすごときは勝の勝たるものにあらず。亦堪忍堅固にして動かざる時は、子々孫々繁永《（ママ）》し、武名を穢さざるは、これ至極の勝なり。されば剣を全く保つ事、兵者上下によらず一大事也。当条口伝多し。

さらに直弼は次のようにもいっている。人生訓にまでしていたのであろう。

夫れ兵書の業たる、その技あまた有りと雖も、柔居相に如くはなし。暫時も忘るまじき

観音堂

武道鍛錬場跡へ通ずる裏木戸

は当道修業なり。余、新心の門に入りてより朝思暮練怠ることなく、星霜を重ねて漸く迷闇の雲霧を開けり。是れ全く師の教導厚きが故なり。
千時、三段の剣法は、余が発明する所、即ち新心極意に貫通す。その旨伝書に詳也。

槍術もすぐれ、敵の槍先を強く抑えないで余力をもって隙が出ないようにする達人であったが、これは禅の、水の上の瓢箪を手で押すと脇へ行き心も動くということからヒントを得たといわれる。

また、直弼が二十一歳の時に山鹿流の兵学の師、西村台四郎義行に送った手紙の文面からは、直弼の生涯を貫いていた精神の支柱が看取されるので次にあげておく。

此頃は最五月雨の降続き閑窓に物淋しく暮し申候。先便にも又々当流の秘巻被送段々の骨折大慶の至りに存候。扨当方には今以連陣の図借置写懸け居申候へども及延引今暫類入候。何卒次之御便までには、色々尋可申入と兼て存居候つ共、いつも御飛脚当日には外用の出来致兎角存念程はいつも御便にもはか行不申候。扨々仇に立候日多く残念に存念に存候。漸く今便も吟味一紙差出し申候。重便之明答待居申候。学候へは学に付き、色々と不審多く相成、尤見捨置も成不申、扨々六ヶ敷者中に此雲霧を拂ひ、清心に相成候事、一生涯無覚束存じ候。乍然予は懸りかけ候儀は、中途に止め候儀甚だ禁物に候間、何卒兵学を楯に致存念に御座候、何分にも鴻燕時を同くせず、春去夏之事とも相成、徒に玉の緒のもつれんことと危き次第に御座候。跡先不分、文面意見頼入候。頓首。

皐月八日

直　弼

義　行　先　生

この手紙から判るように、直弼は何事も途中で止めず、疑問なども研究して、奥深くつきすすんで体得しようとする真摯な学習態度を備えていた。また、家臣に師事しても師弟の礼を失しない謙虚さを備えていた。

直弼にとって武道を修練することは、ただ武人として戦のために強くなるのではなく、精神修養と人格形成として昇華させるためにあった。このことは次の直弼の意見をみれば明らかであろう。

武は決して血を喜ぶものに非ず、血を見ずして事の治まるを見る。柳も武の要たり、又世を済《すく》ふの要たらずんばあらざるなり。人たる者、不豫の危難に遇ふ事なしとせず。而もその危難に際し、さあらぬ者にまで是れを防ぐに刀を以てせんか、刀は是れ士の魂、屢々之を閃《ひらめか》すに至ては、到底軽挙の謗《そしり》を免れざるべし。

さらに武道を「心」の修行とし、禅や仏教とともに「心」の鍛錬に役立てていたのである。直弼の書に、

居合術の事理一体の境地について当流摩利支天尊の見開きの事、余も其処までは得申さず候所誠に明導に預り心中の塵埃を払ひ尊く存じ候。

とある。新心新流も他の武道も、摩利支天の偉容を体現することをその究極の目標とすべきである。剣の道が魂において摩利支天に溶け込み一体となり、心に剣を感ずる時、己が剣そのものになり、精神統一して達人となるといっている。形の鍛錬を止揚して心の鍛錬へ変質させること

こそ禅の妙境と同じくするものといえるのではあるまいか。そして埋木舎の生活があったからこそこの境地がひらかれたのであろう。

埋木舎と湖東焼

「湖東焼」はもともとは文政十二（一八二九）年に絹屋半兵衛らによって始められた「絹屋窯湖東焼」と呼ばれる民窯であったが、天保十三（一八四二）年九月、直亮の召し上げにより藩窯となった。

江州には「信楽焼」「膳所焼」などもあるが、湖東焼は彦根藩の保護の下に、京都、瀬戸、九谷から職人が集められた。青磁をはじめ、染付や色絵など種々の技法が用いられ、焼き上りの品は染付が清純で美しく、金襴手は燦然として輝き、錦手は落ち着きある華やかさがある。茶器類が主で、徳川幕府や京都公卿門跡らに多く献上されたという。

直亮の時代は天保十三（一八四二）年から嘉永三（一八五〇）年まで八年余で、この時代は窯も小規模であったが、直弼の時代に絵付師の幸斎、鳴鳳が招かれた。

直弼は次のようにいっている。

彦根焼（湖東焼のこと）も只茶碗、ふた物の様成物ばかりに而は引立不申、右風流人

湖東焼　染付松竹梅図水指

の名ある品、焼出し候得ば格別品も上り申候間、兼而左様之人物、尋出度と存居候事

直弼の凝《こ》り性《しょう》がまた焼物にも表れる。窯場を拡げ、有名人を招き、改良を重ね、藩の保護も強めたため、直弼時代は湖東焼の黄金時代が形成された。安政年間には陶工、細工師、絵師、荒師を増やし、染付には高価な「唐呉須《からごす》」を用い、金襴手の金の質も高純度を用い吟味を加え、すばらしい美術的価値の高い作品が多く製作されたのである。

また京都の名工の三代清水六兵衛は祥雲と号し、安政二(一八五五)年より彦根に来て湖東窯で陶器を製作している。直弼は銅印を与えて湖東焼を奨励しているのである。

直弼自身も、埋木舎で暮らしていた天保十三(一八四三)年ごろから奥庭で楽焼の手造りを試み、湖東焼の創始にも力あった家臣の小野田小一郎の指導をうけていたと聞く。『楽焼覚書』には直弼自作の八十四点の作品名と五十六の譲り先が記され、主として家臣や寺に与えられた。

直弼自作と伝えられるものには、蛤香合(白箔)、七種の蓋置(玉徳、蟹、印、三閑人、栄螺《さざえ》、三葉、火舎)、四方手付茶入(黒)など、現存しているものも多く、なかでも黒楽白縁天目茶碗には花押の刻銘があり、鉅鹿《きょろく》を思わせるところがあって、なかなかのすぐれた作品である。江戸では楽焼製作で諸大名に知られていた三浦乾也《みうらけんや》も時々直弼に招かれて桜田藩邸において席焼をし

曲物黒漆塗栗山桶花生
井伊直弼作
直弼が日光の栗山で求めた曲物桶に黒漆を塗らせ、銅部に朱漆で和歌が書かれた「見立て」の茶道具。
　栗山の苔の下水爰までも
　賤かし業を汲てこそしれ

赤楽橘形向付　井伊直弼作　（彦根城博物館蔵）
井伊家の家紋・橘を題材とし、赤楽に緑の釉薬がアクセントとなっている。
十二代藩主井伊直亮に献上したもの。

ていたようである。直弼も「乾也の技倆は誠に手きは成事」と褒めていたという。また、直弼は自筆の「緒方流陶術秘法書」がある。その奥書に、

嘉永元申年四月、緒方流陶工乾也（花押）

とみえるので、江戸で知りあい陶法を学んだ三浦乾也の陶法書を直弼が筆写したものともいわれている。

国学と長野主膳

長野主膳義言は、埋木舎に直弼がいる時は国学の師として交流が続いていたが、直弼が藩主となってからは陪臣にとりたてられ、直弼の政治に参与、意見を述べた。京都においての政治舞台では大いに活躍して、直弼の懐刀の働きを十分した。「陰の大老」とか「京都大老」とかいわれた由縁である。国学者で和歌にも長じ、「桃廼舎《もものや》」という号がある。直弼に陰のようによりそった長野主膳の出身等については不明の点が多い。それだけに想像もたくましくでき、「公卿の落胤だ」「伊勢神宮の神主の子だ」「仙石左京の陰児だ」「肥前八代家老の子だ」「肥後細川家の血を引く子だ」「母の再婚相手阿蘇神宮大宮司長、長野惟治との縁者となった関係で阿蘇長野神宮の長野惟清の養子となり長野姓を称えた」とかの諸説があるが、主膳自身は「伊勢のもの」だといっている。言葉には肥後訛りもあるなど、要するに出生はつまびらかではない。

天保十（一八三九）年、長野主膳は伊勢国飯高郡宮前村の本陣、瀧野治郎左衛門の家へ寄宿することになる。以前この村に来て本居派の学問を堀内利右衛門の処で修めていた。治郎左衛門も本居派の学問を修めていたようである。そして近所の人などに国学を講ずることになって、治郎左衛門も弟子になる。さらに、利右衛門の妹の出戻りの「お瀧」が同居していた。彼女は主膳より五歳年上ではあったが生田流の琴の名人でもあり美人で年より若く見えたという。主膳の身の回りの世話をしている間に二人は恋がめばえ夫婦になったのである。主膳二十七歳、お瀧三十二歳であった。独立のために二人は宮前村を去り雲水の旅に出た。妻は琴など教えて収入を得た。主膳は読書三昧や国学の講釈など気ままな生活である。京都、美濃を経て、近江国坂田郡市場村の医師三浦北庵宅へ落ち着くこととなる。近所の人びとに古事記等を講じて大変な人気になった。天保十二（一八四一）年十一月の初めのころであった。さらに紀州藩の家老水野土佐守の代官、阿原忠之進の伊吹山麓・坂田郡志賀谷村の家へ移ったころは門人も多勢になっていた。阿原は瀧野とは学門の友人で地方の文化人グループの一員であった。弟子には三浦北庵や『花の生涯』のヒロイン、多賀神社の神官の娘、村山加曽閥（たか女）も和歌の添削を積んでいたのである。

天保十三（一八四二）年十一月二十日、主膳は彦根に参り、埋木舎に直弼を訪ねることとなる。直弼とは茶の仲間であった医師三浦北庵の紹介であった。初対面なのに、二人は意気投合し、主膳は三夜続けて埋木舎へ伺候して、直弼と夜を徹して文学一般その他について熱っぽく語ったと

長野主膳肖像画（彦根市立図書館提供）

される。

直弼は四月にすでに主膳のことを知り面会を楽しみにしていたことが、彦根城博物館保管の直弼の長野主膳宛書状でわかる。すなわち埋木舎での初対面の五日前のもので、

いつはいつはと待侘ひ侍りつるに此ほとハつつがなく渡りぬとうけたまハる事のいともうれしくなん、日あらすたいめし侍りて

と記している。また、

ひたすらに　あふみの湖の　まつ原や
　まつかひありし　けふそうれしき

他二首の和歌もつけていて熱の入れようにびっくりするほどである。

埋木舎に伺候した長野主膳はなんと三晩にわたって直弼と文学論や人生論などを語り、肝胆相

照らす親交を結ぶ仲になるのであるが、この様子は長野主膳の『岩橋日記』の二十日夜の条のところに次のように記述されている。

夜五ッ半時に御前に出で、過し頃よりねんごろにせうそこなど給はりてものせさせ給へることのよろこびなど聞えまゐらせて、打ものがたりする程に聞ゆ。

まつほどのよは辛崎のからかりき
　つひにあふみとおもひながらも

あなたよりも、（直弼よりの返歌）

まつほどのつらさきも今はわすられて
　あふみの名さへ嬉しかりけり

こは秋は必とちぎりおきて、まゐらざりしかば、あふみてふ名の打もおかれじ、などの給はせたるを思ひ出して、よみ給へるなかりし、又聞ゆ。

かかる折あるべきものをきのふまで
　あふみてふ名もつらしと思ひき

こよひこそ旅ねの神はほさましか

草の枕はなほむすぶとも

尚之（三浦北庵）もみまへちかくめされて、歌などつかうまつれり。うちとけてかたらふほどに、夜ふけて「かつみぶり」（主膳の言語学に関する小著）にいぶかしき処あるを、きかまほしとあるにより、をしへたてまつれば、明がたに今より義言が、をしへるにならんなどの給ひて、み盃などみづから給はれば

かかるさへ深きめぐみの露なれば
なかなかぬれし袖もひにけり

御かへしあなたより、

末かけてちぎる言葉の玉をさへ
かけぬる袖をともにわすれじ

かくて飯など給はりて、さまざまにあるじし給へば聞ゆ

をしからぬ命ぞいのる玉くしげ
こたびかかるをりもありやと

御かへし、あなたより

玉くしげ我は三たびもいのるかな

かかる教へのひとにあふやと
又御かへし、これより
この世へて又後のよを玉くしげ
かけて二たびいのるなりけり

かかる程に、城中のかねつづみうちあげたり、こどぞもなく明ぬるものをなどいひつつ、明日《あす》こそまうでめとて、尚之をつれて、中やぶの堀田集が家（三浦北庵の友人の医師の家）に行てふしぬ。

直弼と主膳の出会いの一晩目はこのようにお互いに同年齢であったこともあり、最初から親近感を持ち、歌道や風流の道に精通した主膳によって直弼は積年の渇をいやされ、和歌の贈答や師弟の契りまで行ったとされる。

主膳の『岩橋日記』二十一日の条は、二晩目の様子を次のように伝えている。

内ふさより殿にまゐりぬ、こよひは皇国《みくに》の学の道など、御のぞみのまにまにときぬるに、
あなたより

かずならぬもくづなれども神風の
　吹くにまかせて道ひらきせん

との給へば、かたはらにさぶらふ青木頼方（直弼の御伽役の彦根藩中の歌人）がよみいだす。

いせの海の清きなぎさに立よりて
　この葉の玉をひろふうれしさ

かへし、これより

いせの海のもくづも玉とみえつらん
　君がこと葉の露のひかりに

＜中　略＞

かかる程に、又よも明けぬれば、いそぎかへりて、大丸やに行きてやすらふ。

『岩橋日記』二十二日の条には、三晩目の様子を次のように伝えている。

けふは朝よりみな打ちよりて、題を出して歌よみなどするほどに、あるじがきて、上より御便まゐりぬ、いかなる御用に侍るにかなどいひけるを、尚之出てみれば、近習の侍御しるし付のつつみものなりとて、いそぎ持ちているを、みれば御せうそこに御菓子などそひたり。
けふは風あらく、しぐれがちに侍るを、かりのやどりの、ものさびしくやおはさん、とおしはかるるに、今宵のあふせさへ、いとど待わびしく侍る、日くれぬらんほど、必しもはやくまうで給へかし。

なかなかにちかく住ぬる君思へば
あふをまつまもくるしかりけり

＜略＞
なほ心なるしなわらひ草とて、かすてらといふものを給はれり、

ひとごとにかかるひかりをあふがめや
月はまさごのかすてらすとも

夕ぐれよりいそぎまゐりしかば、まちかねたりとて、ちかくなれつかうまつれる人々ども、まうけしたりけるに、御なごりをしく思ひ給へ侍れども限あれば明日とく出たたまほし、

こよひは早く御いとま給はれかし。などまをし聞え給ふれば、とかく君も御なごりをしげなる御有さまなり。さて春は必早うまうできなんなどいへば、この秋のためしもあればなどの給ひて、

こん春をちぎりおけどもおぼほしみ
　なほまことある言をきかまし

＜略＞

あかつきがたに

義言うしに、さまざまをしへを受侍りける頃、しばしとて故郷におもむかるるに、わが手なれ侍りしたにざくかけといふものをおくるとて、

あさゆふにかけてもみよや心さへ
　君にそはれんほどをしぞ思ふ

いといとかたじけなきおぼしめしなりけり。さて又夜明けんとする頃、義言うししばしとて故郷にかへりける時、はなむけのやうにとて、

さまざまにちぎる心をしをりにて
　花さく春はとく尋ね来よ

〈略〉

夜おくれば二十三日の朝、限りあれば今はと聞えて、出たたんとすれば、御なごりをしまれ給ひて、内門を過ぎ、大門の外までみおくり給へば、つとめて城よりかへるも、又まゐるも、みな道をせきて、つくばひゐけるに、なほあかずやおぼしめしけん、みえむかぎりたたずみ給へり。いといと御なごりをしげなる御有さまは、みるめもあげがたうなむ。

埋木舎における三晩にも及ぶ直弼と主膳との会合は、国学の道を語り合い、歌道の心の交流による和歌の贈答など、実に深淵なる風雅の道の切磋琢磨であっただろう。それは、二人の友情の堅い結びつきとなり、お互いに尊敬しあい、強い影響を及ぼし合う関係として、生涯の信頼関係が構築されたと思われる。

直弼は、長野主膳義言との埋木舎での三晩の会合をいかに歓んでいたかを、同年十一月下旬の書状の中で次のように述べている。

かたみにしたひしたはれて、世の常ならず、ふかき夜にたいめんしたればこそ、敷島

の道をもふみひらかん事を得たり、今よりは義言うしは吾か師なり、おのれは義言うしが
をしへ子なり

と直弼が主膳の和歌の弟子入りをすると宣言しているのである。
直弼は主膳を師として仰ぐようになってからは、歌道のみでなく国学の面にも関心がわいてきたようであり、弘化元（一八四四）年十一月十八日の本寛宛の直弼の消息をみると次のものがある。

義言定て本居流の日本古学をも御進メ申上べくと推察仕候、歌をよみて此事不レ知は不レ済与申候、又国学者にいはせ候へは歌はたとへ不レ読とも、吾皇国之古事不レ知ては
かなはすと申候

直弼に影響を与えた主膳の国学関係の書物には『古学答問録』や『歌の大武根』『渚の玉』などがあるが、直弼が世子となると決定した翌年の弘化四（一八四七）年に施政の心得として主膳が直弼に贈った『沢能根世利《さわのねぜり》』（上巻のみ残存）という著書が有名である。

……うもれ木の人しれぬ身は、おほやけにつかへて、世の為、人の為にもなるべき事などは……

と書き始め、佐幕国学者として幕藩体制の政権安定に言及しているが、ここではふれず次の機会に論及することとする。

長野主膳義言（桃廼舎）は本来は国学者、和歌の師匠として直弼と交流していたが、直弼自身が弘化三（一八四六）年二月、子供のいない兄、直亮の養子になって埋木舎を出て、嘉永三（一八五〇）年兄・直亮死去にともない彦根藩三十五万石の十三代藩主となり掃部頭を称するに至って、主膳の人生も大きく転換した。すなわち、同じ道を志向する同志的結合または師弟関係としてよりも、彦根藩士として直弼の手足もしくは耳として仕える公的な主従関係となったのである。

嘉永六（一八五三）年から文久二（一八六二）年までは長野主膳義言は、二十人扶持の彦根藩士として召し抱えられ、「歌師範」「国学方」として藩の学問所「弘道館」で教授として指導していたが、直弼の教養的政治のみでは藩政が動かず、藩内外の難局を迎え、政治の荒々しい世界や困難な政治決断の場が次から次へ押し寄せる時代になってくると、主膳も直弼の政治顧問や政治情勢の分析、はたまた情報そのものの収集等の重責を担うようになっていった。

主膳は「系譜方」「異国船処理御用掛」などのお役目も多くなり、直弼の大老就任後は、日米修好通商条約や勅許問題、安政の大獄など、京都を拠点に、政治的にまさに「陰の大老」「京都大老」として活躍し、一心同体として直弼を守りながら幕藩体制を支える腹心の臣下に変わっていた。知行も二百五十石に破格に加増されている。

ペリー来航の際は藩の外交係となり海外事情の分析をし、開国論を直弼に勧めている。主膳の国体論は、天皇は日本国の根元であり万世一系であり元首・天皇が国家を治めるが親政である必要はなく、時代によって委任政治も可、従って、幕藩政治体制では大老が国家のために政治を行うのは当然で、天皇政治で必要なのは権力を越えた神威力である、というものであった。

主膳と国学との関連に論述をもどす。主膳は前述の飯高郡の実家と同郷の出版等の経済的援助を受けていた堀内家（堀内広城の五男栄五郎を主膳は養子縁組した）にたびたび手紙を出している。その手紙の中で、直弼から堀内広城のいとこの長沢御坊に宛てた手紙として、江戸表なる彦根若殿の御方よりも、いとねもころなる御ことつけ侍りし、長沢御坊まて内々にて義言事ハいつくへもゆき侍らぬやうニあふみにと、まるやうせまほしけれは、今しはしのほといかにすかしてたにいつくへもなやりそなとの御せうそこをも内々見せ給ひぬ

を挙げ、直弼が尊崇する国学の師である主膳が他国に出て行かないように、自分が帰国するまで近江の地につなぎ止めておいてほしいと懇願したと、自ら誇らしげに記しているのである。

また、嘉永元（一八四八）年四月十五日付の堀内広城への書状では、江戸詰の直弼のはからいとして、

このほと江戸より、おもてむき彦根家中の者共、桃の舎を心にてまなひたく思ふものあらハはかりなく入門せよとて、わきて被仰たりといひおこせて侍りき、さるは日頃の方ニ聞へ奉る事共のけにもとおほしめしたりし故と承り侍りつれハ、いと〳〵嬉しく身にあまるまてなん

とあるように、江戸の彦根藩関係者のなかでその意思のある者には桃之舎への入門を奨励する達しがあり、義言はこれを身に余る光栄としながらも……とある。

そもそも彦根藩士の人格修養の根幹には儒教的傾向が強いことはあったが、寛政五（一七九三）年五月に本居宣長の一行が彦根に来ている。藩主・直中（直弼の父）の国学愛好の態度に同調する鈴屋《すずのや》一門も居り、宣長も『彦根歌集』序文の中で賛辞を述べている。藩主・直亮の時代も「和学方小原春平考意」なる国学振興の建白書が出ている。

その第五に、

……和学の儀ハ皇国之大道ニテ、何学仕候者達モ不在候テ叶道ニ御座候へバ、別段ニ和学寮迚師範有之学館ニテ教授仕候儀ハ承ハリ及バズ、是ハ後世他邦之道々盛ニ被行候テ、人々肝要ノ皇国故実ヲ取リ夫ヒ、実ニ燈台本暗シニ相成候ニ付、和学ト申名目奉り、追に諸国学者出来り候事ニ御座候………

その第七に

元来武夫ハ心猛々敷者ニ御座候へば、詩文章仕ラセ無骨之志を和道ニ仕入申候テ平生温和ニ有候様化導仕度儀ニ詩文章之講釈会読モ被仰付度……

彦根藩にはこのように国学に対する関心は従前より強かったのであろうが、埋木舎時代の直弼は未だ歌道の方に重点をおいて修養していたのであろうが、国学者・長野主膳との親交の後、藩主や大老としての政治的決断を要する場合には国学的精神が強く影響していたといわれる。

長野主膳は直弼が大老になった後も、国家存亡の難局に直弼の腹心の部下となり一心同体となってぶつかりその補佐に努めた。例えば「京都大老」といわれたように、京都の不穏な情報の把握や公家衆に対する根回しをするなど、政治状況の適正な対応に努めた。

桜田門外で直弼がテロリストによって不運な最後をとげた後の二年ほどは、主膳は直弼の遺志を継いで藩政に協力していたが、藩内の反対派閥に無実の罪名を被せられて、文久二(一八六二)年八月、彦根において捕えられ藩獄内において斬首された。享年四十八歳であった。主膳は死に臨んで次の辞世の悲歌を残した。

飛鳥川きのふの淵はけふの瀬と
　かはるならひを我身にぞ見る

埋木舎時代より直弼の寵愛をなつかしみ、新しい時代の到来に適合しようと、藩や国家を先導し、奔走したが、その真価を理解しない石頭の連中に抹殺されてしまうくやしさを歌ったものだろう。直弼、主膳二人の功績が正当に評価されたのは時代が相当に下ってからのことであった。

義言地蔵
この地にあった牢屋で長野主膳は処刑された。

三章

『花の生涯』など日本文学と埋木舎

ＮＨＫ大河ドラマの魁は『花の生涯』であった。舟橋聖一による不朽の文学作品は、時代の節目ごとに、映画・テレビ・演劇でドラマ化されたが、その都度注目を浴びたのは埋木舎であった。

『花の生涯』は、昭和二十七（一九五二）年七月十日から翌年八月二十三日まで、毎日新聞の夕刊に連載されたもので、舟橋文学の格調の高さはいうまでもないが、その舞台背景にあるものは、幕末風雲急を告げる国家的、世界的大きな流れを描写したものでたいへん興味深い小説である。
この長編小説の前半は、井伊直弼の「埋木舎」時代を舞台に繰り広げられるのである。

『花の生涯』の「花」とは何か。妖艶絶世の美女で、いったんは井伊直弼の寝所深くまで入り込み、大老が討たれるまでその周辺を離れることのなかった女。同時に、直弼の腹心長野主膳と深い関係を結び、また、政略のためには金閣寺寺侍多田一郎と結婚もし、数奇な運命を辿った村山たかのことか。或いは、彦根三十五万石の雄藩井伊直亮の末弟に生れ、十四男坊の故に埋木舎で捨扶持生活を送り、やがて時代の呼ぶ声に応じ、彦根藩主、大老となり、安政の大獄を経て、桜田門外に暗殺された悲劇の直弼の生涯を指して、いうのであろうか。恐らく、その解釈は読む者の自由であるが、夥しい登場人物、めまぐるしい時の動き—、それらの中に生きた男女のドラマチックな物語は、真実「花」のようであでやかで、はかなくもあったといえる。

右の文は、『花の生涯』が毎日新聞に連載された時の挿し絵を描かれた、木村荘八画伯の名画全集『花の生涯』の要約の部分の劈頭である。木村画伯の独特な画風は読者を視覚的にも楽しませたものであった。

ＮＨＫテレビの大河ドラマは今では毎年一年間の連続歴史ドラマとしておなじみで、各時代の雄大な歴史ロマンを視聴者にアピールしているが、実はこの第一号が『花の生涯』であった。舟橋聖一作、北條誠脚色で、幕末動乱を背景に、井伊大老の人間像を中心に描くことになった。主演は、井伊直弼は歌舞伎の重鎮、尾上松緑。長野主膳は、人気俳優、佐田啓二。たか女はトップ女優、淡島千景で、昭和三十八（一九六三）年四月七日から同年十二月二十九日までの毎日曜日、夜八時四十五分から九時半まで、約九ヶ月・三十九回にわたって放送された大企画であった。ＮＨＫには当時このような連続の時代劇で、しかも日曜のゴールデンアワーに放送することは大変な冒険であったかもしれない。ところが『花の生涯』を放送するや視聴率は大変なもので、放送される時間帯には風呂屋が空いてしまうほどであったといわれた。昭和三十年代後半になって、戦後の混乱期から世の中は落ち着きを取りもどし、テレビでは「歴史ブーム」が起こりつつあった。大老として国難を救った幕末の英雄でありながら、人間的側面をもって描かれた井伊直弼に人びとは魅せられたのだろう。特に、前半の埋木舎時代の直弼のイメージはこまかく描かれ、名優たちの演技のすばらしさと相まって人びとの心を強く打つものがあった。

この企画の大成功によって、NHKテレビは毎年大河ドラマを続けることとなったと聞いている。歴史上の大人物が毎年、ブラウン管を通じて茶の間にとび込んできて、時代を超越して、私たちの心や身近なところへ何かを訴えるものがある。

実はこれより十年前に、松竹映画では『花の生涯』を映画化、松本幸四郎が井伊直弼、高田浩吉は長野主膳、淡島千景の村山たかという豪華キャストで大ヒットしたのであったが、ここにおいても埋木舎時代が中心にすえられ、直弼が天下人になった後も埋木舎をなつかしむ場面があった。

さらに、昭和四十五(一九七〇)年度芸術祭協賛の十一月歌舞伎公演は「大老」が選ばれ、国立劇場で行われたのであるが、第一部は、彦根城外「埋木舎」の場より幕が開くのである。主なる出演者も、松本幸四郎、市川染五郎、坂東玉三郎、中村吉右衛門など超豪華版であり芸術性も極めて高いものであった。

この他、井伊直弼関係の小説、演劇(帝国劇場、御園座「名残の雪」等)、映画、テレビなどでは、よく「埋木舎」ということばが出てくるのである。

新聞、雑誌等に紹介される時、井伊直弼の人柄を知るうえで「埋木舎」を抜きにしては語れないと判断されているものが多い。文化人・直弼は「埋木舎」によって、立体的にイメージが形成されているといえるだろう。

安政の大獄や日米修好通商条約の締結や桜田門外の変などを通じての井伊直弼の権力者像と、埋木舎時代の文化人像とはその印象がかなり異なる感さえするが、本書を読んでいただければ、埋木舎における人格形成がなされたればこそ、幕末の国難を救うことのできた偉人政治家・井伊大老の実像があったと理解していただけるにちがいない。

「埋木舎」に関する記事は各マスコミでこれまでに多く扱っていただいているが、ここでは特集してくださった新聞・雑誌より初版に載せてあった二、三のものをあげてみよう。最近も多く載っているが割愛する。

吉川英治著『桜田事変』（改造社版）の「蛟龍」の章の劈頭の部分が「埋木舎」の様子から始まっている。

また、最近では、吉川英治文学新人賞受賞作である諸田玲子先生の『其の一日』（講談社）の四話の中の一つ「釜中の魚」において、井伊直弼を慕う可寿江の女心の切なさが実に上手に書かれている。ほかでは何といっても二〇〇六年より日本経済新聞夕刊に連載された小説『奸婦にあらず』(日本経済新聞社)は、井伊直弼とたか女に題材を求めた壮大なスケールの作品である。「埋木舎」は、深奥なる静寂とした直弼の「心」の安らぎの元素として位置づけられていて、諸田先生の作風と意気込みに大いに感銘した一人であった。

この他、幸田真音先生の『藍色のベンチャー』(新潮社)、龍道真一先生の『化天《げてむ》—小説最後の武士・井伊直弼』(広済堂)など、井伊直弼を中心とする長編小説も散見でき、舟橋聖一先生の『花の生涯』以来、偉人・直弼を再評価しようという出版界の動きはまことに喜ばしい限りである。

井伊直弼、埋木舎を素材にした文学作品と舞台作品等

四章　「その後」の埋木舎

直弼が世嗣となって埋木舎を出てからは、幾度か主を代えながら、明治四年以降、大久保家が所有して今日に至っている。百四十年の長きにわたって大久保家が守り続けたものは、最後の彦根藩主井伊直憲の遺訓であった。

大久保家と埋木舎

埋木舎を現在も往時のまま保存・所有する大久保家は、徳川家康の祖父に当たる松平清康の時代すなわち天文年間より徳川家の旗本であった。「天下の御意見番」としておなじみの大久保彦左衛門忠教の父忠員と現埋木舎当主の大久保家の祖・忠平は兄弟に当たる。忠平は宇津九郎右衛門ともいう。因みに江戸時代、小田原城主となった大久保忠隣も大久保一族に当たる。大久保忠茂が宇津左衛門五郎を名乗っているのは、遠く平安時代に活躍した摂政・太政大臣藤原忠平の三代後、藤原道兼の玄孫藤原宗円が宇津宮座主となりその後宇津氏となって藤原氏の流れを汲んでいるからである。因みに筆者は現在までも続く五摂家はじめ藤原氏一族の会「藤裔会」（会長・九條道弘氏）理事を仰せつかっているのもかかる由縁による。

初代・忠正は一時甲州武田信玄に出向し、信玄公より昌の一字を賜り「忠昌」と称したことがある。徳川家康が甲斐を領有した時は武田氏の旧臣の主だった者を彦根藩祖井伊直政に所属させた。彦根藩のいわゆる「赤備え」は、この武田兵法を取り入れたことによるものだ。

大久保家が井伊家との関係をもったのは忠正の時代である。彦根藩祖井伊直政の祖父井伊直盛

大久保新右衛門式部武者絵

大久保家の系図

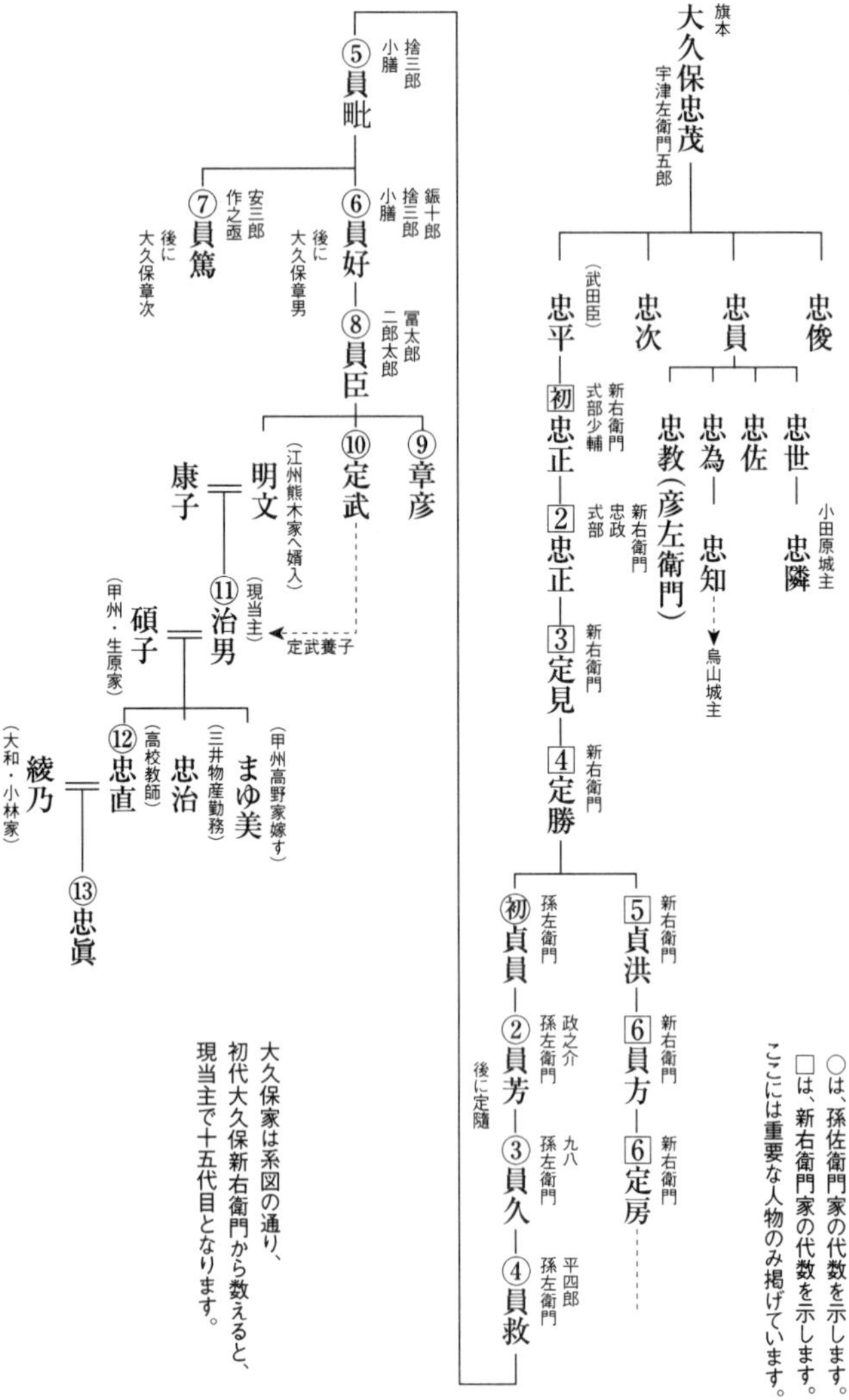

══は、養子関係を示します。
○は、孫佐衛門家の代数を示します。
□は、新右衛門家の代数を示します。
ここには重要な人物のみ掲げています。

大久保家は系図の通り、初代大久保新右衛門から数えると、現当主で十五代目となります。

は今川義元に従っていて、桶狭間の戦で戦死した。その子井伊直親は、今川方を脱し徳川方につこうとしているという讒訴により、今川義元の子氏眞の臣、朝比奈泰朝に攻められ、永禄五（一五六二）年三月殺害されてしまった。この時、井伊直親の子、虎松（後の直政）はわずか二歳であった。虎松はその後井伊家周辺の人々に守られながら転々と棲家を換え、成長していった。やがて十五歳の時に徳川家康に見出された虎松は成人して後、井伊兵部大輔直政と名乗り、家康に忠勤をはげんでいったのである。井伊直政が関ヶ原の戦いに戦功があったため、石田三成の居城佐和山城主に任命された時、家康は大久保忠正（初代新右衛門）を目付役として派遣して側近で種々草創期の藩政を行わせた。

直政が上州高崎に居た時は、世子直孝を長い間大久保忠正は私宅に預かり、養育に努めた。大久保忠正について述べれば、幼名を千代松、新右衛門尉とも称した。後に式部、慶長五（一六〇〇）年に関ヶ原の戦いに従事し戦功があったので、同六（一六〇一）年十一月二百石を加増され六百石の知行となった。さらに七（一六〇二）年三月二百石加増、八百石を知行した。町奉行に昇進、慶長十九（一六一四）年の大坂の陣の時は彦根の留守居役を仰せつかった。元和元（一六一五）年八月死去。法号は、清蓮院殿大誉浄栄居士、彦根宗安寺に現在も墓が残る。元禄のころは大久保家は一千六百石を知行していた。このように大久保家と井伊家は天文年間より因縁浅からぬ関係にあって、代々、彦根藩の家老、中老、公用人、小納戸役、側役等藩主側近の重職にあった。

以下は、井伊直政が佐和山城入部後第一号の領民に対する規定であるが、初代の新右衛門尉の連名もある。

定

一庄屋百姓に対地頭非分之義於有之者目安を以直に可申事

一所務之儀相定候ごとくたるべし地頭私之申分在之者目安を以可申但田地上中下之見違同陰之田地なとの様子在之候而地頭申分候者於奉行所及沙汰理非に依而可相済事。

一人足につかわれ候事前々之定は過分召仕候而地下致迷惑の由聞候間むらのなき様に在之候而奉行が夫相定候間彼奉行次第に可出事

一升之事前々の移しの判升たるべし別之升一切停止候也はかりの事は小百姓面々にはかり可納事

一口米之事前々より国法之ごとく一石に三舛宛たるべき事

一ぬかわらの事前々ぬか一俵に付米一舛わら一束に付米三合宛之勘定に立可納事

一皆済之事前々の仕置のごとく十月二十日限りたるべし
但当年知行割おそく候間霜月中に皆済すへし霜月過候はは催促を可遣事
一催促之もたひ一切停止之事并地頭より用所にて使以下郷中へ来り候共もたひ一切すべからざる事
一竹木并なり物以下之事如前々たるべしみだりに在之においては目安を以直に可申事
一出作入作夫米之義に至而は如前々たるべき事
一在々之百姓地下を出奉公人に成候もの候者右所聞則代官に申候て奉行江可申御法度之ごとく可申付事
右之条々被定置所如件
慶長六年丑十一月十五日

大久保　新右衛門尉
中野　越後守
西郷　伊豫守
鈴木　石見守

井伊直弼と大久保小膳

井伊直弼の時代には大久保員好《かずよし》（小膳《こぜん》、後に章男《あやお》という）が活躍する。十二代藩主直亮、十三代直弼、十四代直憲に仕えた。小膳は大久保員毗《かずまさ》の嫡男で、家督相続後小膳と称し、明治維新に至るまでこれを称える。童名鉦十郎、後捨三郎。母は三浦氏、文政四（一八二一）年正月二日、尾末町邸に生まれる。

天保七（一八三六）年二月五日、十六歳の時、御小姓になる。同年十月五日、世子直元公付を命ぜらる。

天保十二（一八四一）年正月、父病死につき二十一歳で家督を継ぐ。三百石賜う。三月、江戸詰勤務を命ぜらる。

天保十三（一八四二）年七月、二十三歳の時、御前御母衣役になり、同十四（一八四三）年、徳川家慶日光御参詣につき、井伊直亮御供の折、御側御供相勤める。

弘化二（一八四五）年、世子直元の御小納戸役、同三（一八四六）年直亮の御小納戸付を勤めた後、嘉永元（一八四八）年十一月五日、直弼の小納戸役となり、直弼側近の重責を負う。

嘉永四（一八五一）年三月五日、直弼の相州警衛場御巡見の時に御先廻りの責任者で防備状況を視察、同五（一八五二）年には井伊直弼の婚礼用掛として江戸藩邸に仕えた。また、京都守護の任にも従った。

嘉永六（一八五三）年三月、米艦来航により彦根藩兵相州警備地を警衛、直弼の日光御参詣の後、佐野御領分御巡見の折をはじめ、江戸勤務は側近であった。その他、物情騒然たる政権のため、直弼の名代として小膳が各地に往還すること数知れない。江戸に三十九回、大坂へ七回、京都に十三回に及ぶといわれている。

安政四（一八五七）年三月、直弼御側役と御子様直憲の小納戸役を勤める。

嘉永七（一八五四）年七月十八日、在彦根の井伊直弼より京都へ派遣中の側役大久保小膳へ与えられた書状（筆者所蔵）に次のものがある。

　　無事に京着之由一段に候道筋見分之次第も申越承知致候嘸草臥可申と察入候風聞之趣も
　承知致候此上何か懸念可致候
九鬼へ遣し候素麺一箱指出し候三条之一義は後便可申遣事

七、十八日

小　膳　へ

また、嘉永七（一八五四）年八月六日の直弼公より京都の小膳宛書状は、

其方もらい候目録取紛乍延引下ケ申候

猶又在京中出精ニ付到来之目録内に遣し候事

六日

小　膳　へ

なお小膳は大老の茶のお相手役の一人で「宗保」の号を賜った。前述の掛軸や、茶器（釜や茶碗など）を拝領している。『一期一会集』もその秘伝を書き写させていただける高弟であり、その直弼茶道の境地に没した一員でもあったわけである。さらに、謡や楽焼のお相手役でもあった。直弼から拝領した楽焼や直弼とともに製作した小膳作の楽焼が今日まで残っている。和歌も一生

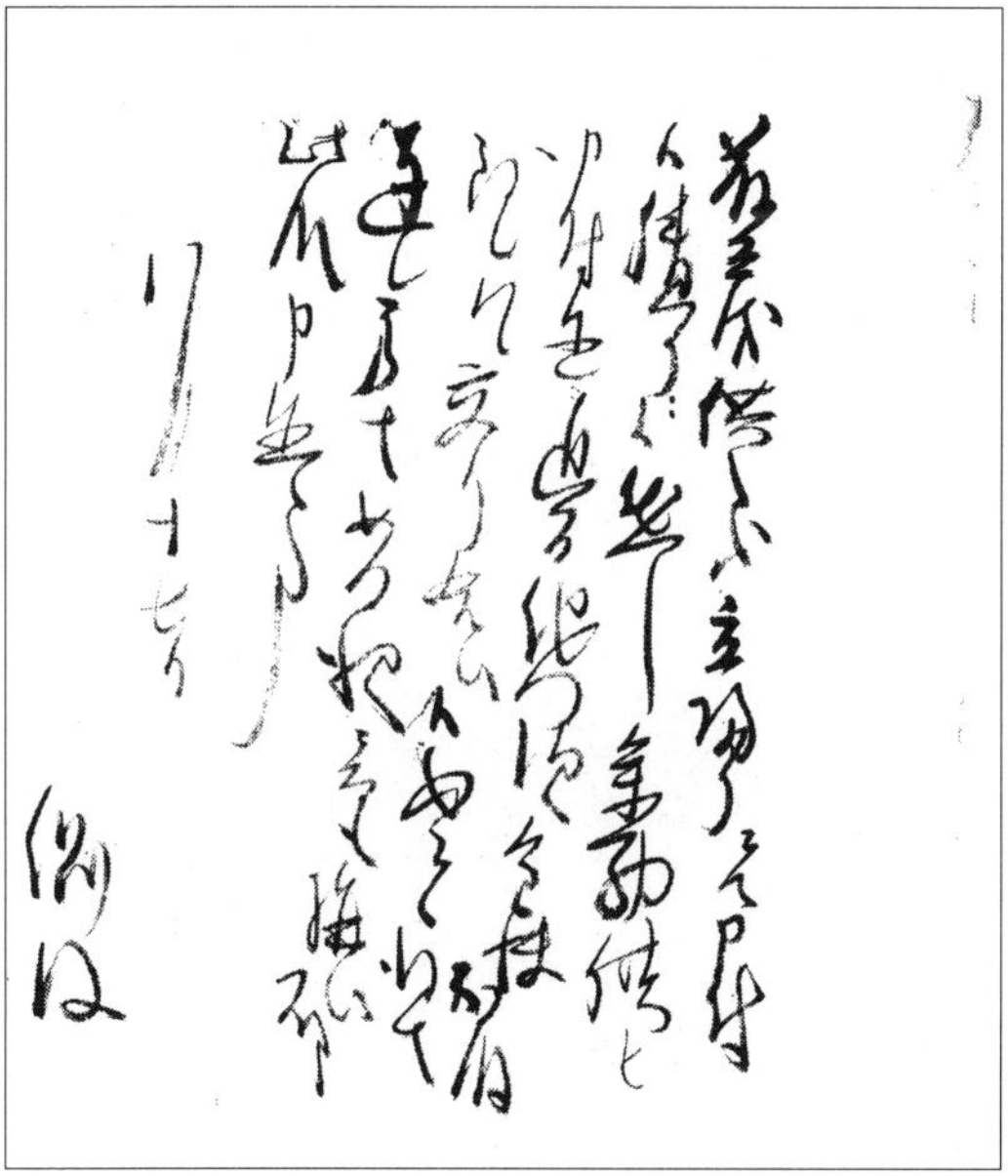

井伊直弼より小膳に宛てた書状

懸命作ったのであろう。幾首かこれらも残っている。直弼が大人物であったので近習たちも真摯な学問研究に精進したのであろう。

さて、安政七年三月三日（一八六〇年三月二十四日）の桜田門外の変が起こるや、江戸藩邸の決議を携えて大久保小膳は正使として、副使高野瀬喜介、同伴家来疋田常助を従えて、三人で三台の早駕籠にのって彦根へ急を告げる。三日夜江戸を出発して、八日早くに着いている。三人は腹に長い白木綿を巻き付け（駕籠の震動で胃腸や臓物が動き気分が悪くなるため）水以外断食で昼夜兼行にて四日間で彦根まですっとばしているのだから当時としては記録的スピードであった。しかも箱根八里の大雪や天竜川、大井川の出水川止めもあって悪条件が重なった。

急使の報告を受けて、蜂の巣をつついたような彦根表では、御殿で二日間昼夜相談会議が行われた。藩士は総登城となり全城下町も警戒体制に入った（水戸と即刻戦争だとする意見もあったが回避された）。再びその決議を携え、大久保小膳は二人を従え江戸の彦根藩邸へ早駕籠にて帰ったのである。小膳、時に四十歳、藩の一大事に大活躍をしたのであった。

大老井伊直弼の死後、大久保小膳は、直弼嫡男の直憲の養育、相談相手として井伊家の内外一切を切り回し、直憲公より「親父」といわれてその忠誠心を褒められ、寵愛を受けた。万延二

（一八六一）年、鉄砲足軽三十人組を賜る。文久元（一八六一）年には、和宮の東下の際、江戸より京へ迎えに行き、道中の警備の責任者となり、役料五十石加増された。藩主直憲の時は、堺の警備を命ぜられ、蛤御門の変に際しても警備の役に就いた。この時は鉄砲組を指揮して、藩主の側近に侍した。明治元（一八六七）年に天皇が東京遷都された時も先駆の役を命ぜられ、加増三十石、三百八十石を領した。明治三十六（一九〇三）年八十三歳で死去。墓は龍潭寺、法号は章義院殿忠誉宗保居士である。

廃藩における大久保小膳の活躍

大老井伊直弼の死去後、幕府内部の政変の結果、井伊家に対する迫害が起こった。領地の一部没収、十万石の削減などである。藩主が横死した場合の御家断絶の責任まで云々される勢いであった。

藩の重役たちはこれらの追求を免れるため、直弼執政中の藩の重要文書を焼棄し証拠をなくそうとして、大久保小膳と龍宝寺清人の二人に文書焼棄を命じたのである。大久保小膳は、直弼の執政の文書を焼棄してしまえば、後世、直弼が行ってきた立派な業績を証明する証拠が失われ、ついにその偉大な功績は永久に埋没してしまう。この場のくだらない政争で直弼の真価を失わせることはしのびないと強硬に主張した。龍宝寺は自己の保管の分は全部焼棄したが、大久保小膳は藩庁には焼棄したと報告し、実際は極秘裏に自宅へ持ち帰り秘密の場所に隠し、万一発覚の場合は爆破すべく火薬とともに置いたのであった(埋木舎の全面解体修復の折、長屋の一階の階段下に四面すべて壁造りの室が見つかった。そこに秘密文書を隠し守ったと推察される)。発覚の際はおそらく小膳は切腹謝罪する決意であっただろう。直弼に忠であるばかりでなく、歴史にもまた忠であったわけである。

明治十九（一八八六）年、直弼の二十七回忌の法要が東京世田ヶ谷の豪徳寺で行われたのを機に、大久保小膳は、世の中も落ち着いてきたので時機到来と考え、毎日新聞主宰島田三郎氏に文書秘匿の事実を打ちあけた。島田三郎氏はこの史料により『開国始末』（一八八八年刊）を著された。こうして史料が世に出たために幕末の政治事情が客観的に理解されることとなったのである。幕末の国際情勢急を告げる折に、国論が混乱する中で、開国を断行し、戦争を回避し国際協調主義を実践した

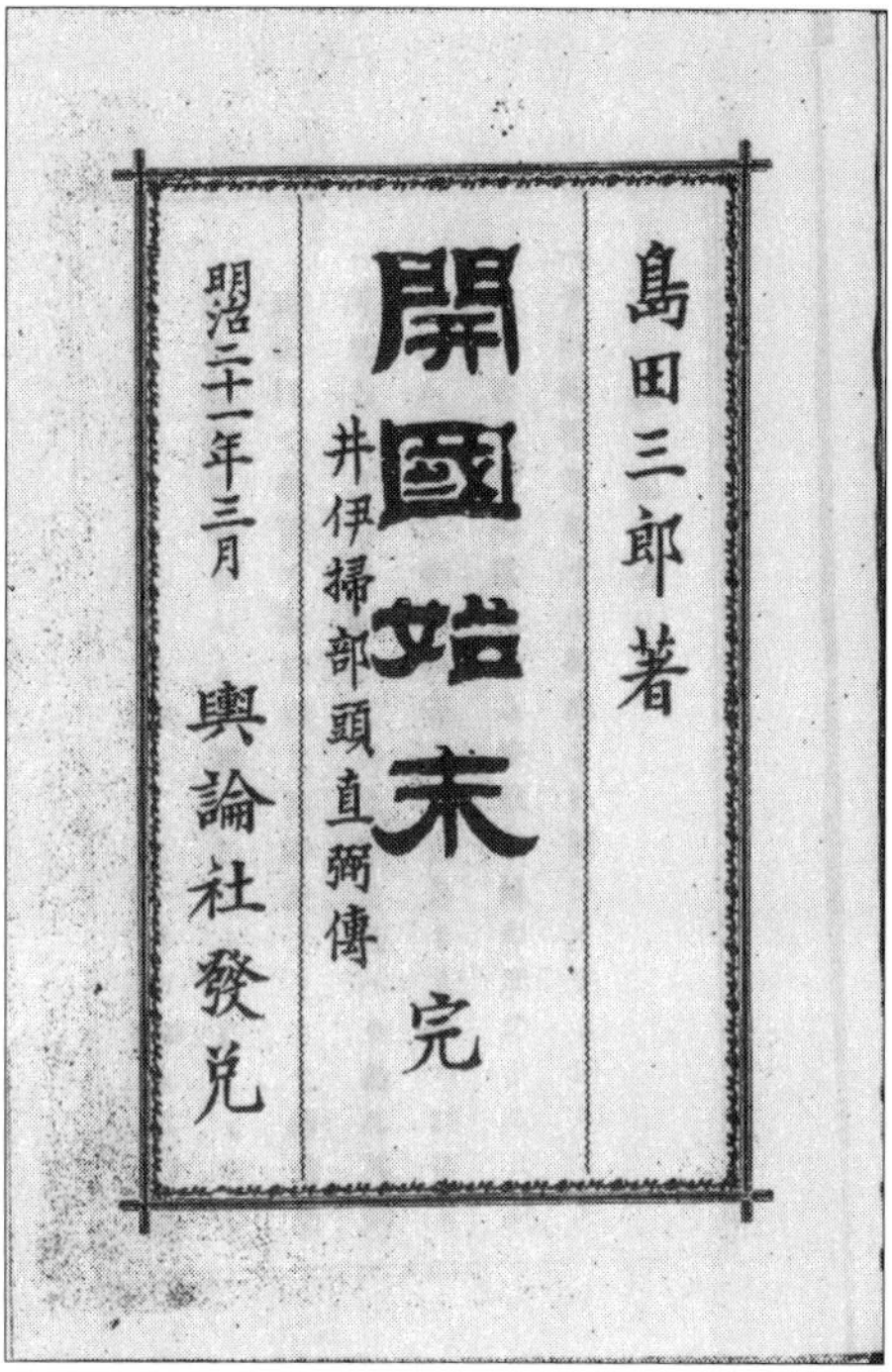

『開国始末』の表紙

井伊直弼の偉大さと、それを裏づける史料保全に身命を賭けた大久保小膳の忠誠心は、ここにようやく天下に知られることになった。

小膳が守ってきたこれらの史料は井伊家に返却され、その後、大日本維新史料「井伊家史料」として東大史料編纂所等より多くが公刊された。

大久保小膳肖像画
直弼の弟・直安（与板藩主）作

一方彦根城は、明治四（一八七一）年廃藩の際、陸軍省の所轄となる。同十一（一八七八）年ころより城郭櫓等すべてを破壊することとなり、その作業に着手したのである。明治政府は徳川幕府四天王といわれた井伊家の彦根城には敵意をあらわにし、華麗な城郭はどんどん取り壊されはじめた。大久保小膳はこれを中止させるため裏面運動を展開した。当時の宮内少輔土方久元（後に伯爵）に、城山を井伊家へ下賜されるよう、連日小石川の土方邸門前に嘆願に参上した。あまりの熱意に土方は、大久保小膳に「忠義動人」の額を与えたほどであった。これはすなわち、すでに決定していたことを大久保小膳の熱意、忠誠心に動かされて変更したという意味でのことであった。

裏面工作がさらに功を奏し、参議大隈重信、県令籠手田安定両氏の助言等によって天皇に直接嘆願し、寸でのところで危うく天守その他二、三の櫓の破壊がまぬがれたのであった。今日まで残っている、国宝彦根城の命を救った善意の人びとの中の一人に、大久保小膳がいたのであった。

達　文

今般思召有之、旧彦根城郭保存可致旨被仰出候、就而何分之儀追而其ノ筋ヨリ其ノ県へ
御達可有之候得共、此旨及内達候也

明治十一年十月十五日

宮内卿　徳大寺実則

滋賀県令　籠手田安定殿

右が公式文書であるがその背景には秘められた多くの史実があったのである。

埋木舎は、直弼が藩主の嗣子となってここを出た後は、愛妾里和が住んでいた。

その後、井伊直憲の弟・井伊智二郎の一家族（近衛公爵の令夫人の母堂で毛利子爵の令夫人であった「政子の方」も住む）の方々が一時居住したこともあったが、井伊智二郎が旧槻御殿へ移ったのを機に、明治四（一八七一）年七月晦日に埋木舎は種々の忠節に対して、井伊直憲より永久保存の主旨もこめて大久保小膳へ藩庁を通じて渡されたのであった。

大久保小膳の家族は直弼の由緒ある埋木舎を拝領し、子々孫々これを守るべく直憲の願いに沿うよう決意して、従来の大久保家屋敷は藩の営繕掛りに引き渡して（法律的には等価交換的な行為）八月十五日に埋木舎に引っ越してきた。感慨無量のものがあったにちがいない。埋木舎の敷地は古くは大久保家の屋敷であった時もあったが、その後彦根藩の公館になった。幕末に直弼、直恭、のち直弼の子智二郎が居住したことは前述した。以降、小膳の子員臣の家族が住み、さらに当主は員臣の長男章彦、次男定武（いずれも結婚していない）、さらに三男明文の実子で定武の養子の治男（筆者）が昭和五十四（一九七九）年二月十五日相続により継承して今日に至っている。

治男は熊木家（大久保明文の婿入り先）の長男であったが、大久保家に相続人がいなくなり埋木舎の保存も困難になるとの危機感より、昭和三十七（一九六二）年父の生家を継承する決意をして入籍したのであった。言い換えれば大久保家と埋木舎保存のためにといっても過言ではない。

以下は、明治四（一八七一）年、「埋木舎」と大久保邸との交換「替屋敷」についての役所よりの公文書（井伊家から無償贈与されたものではなかった）である。

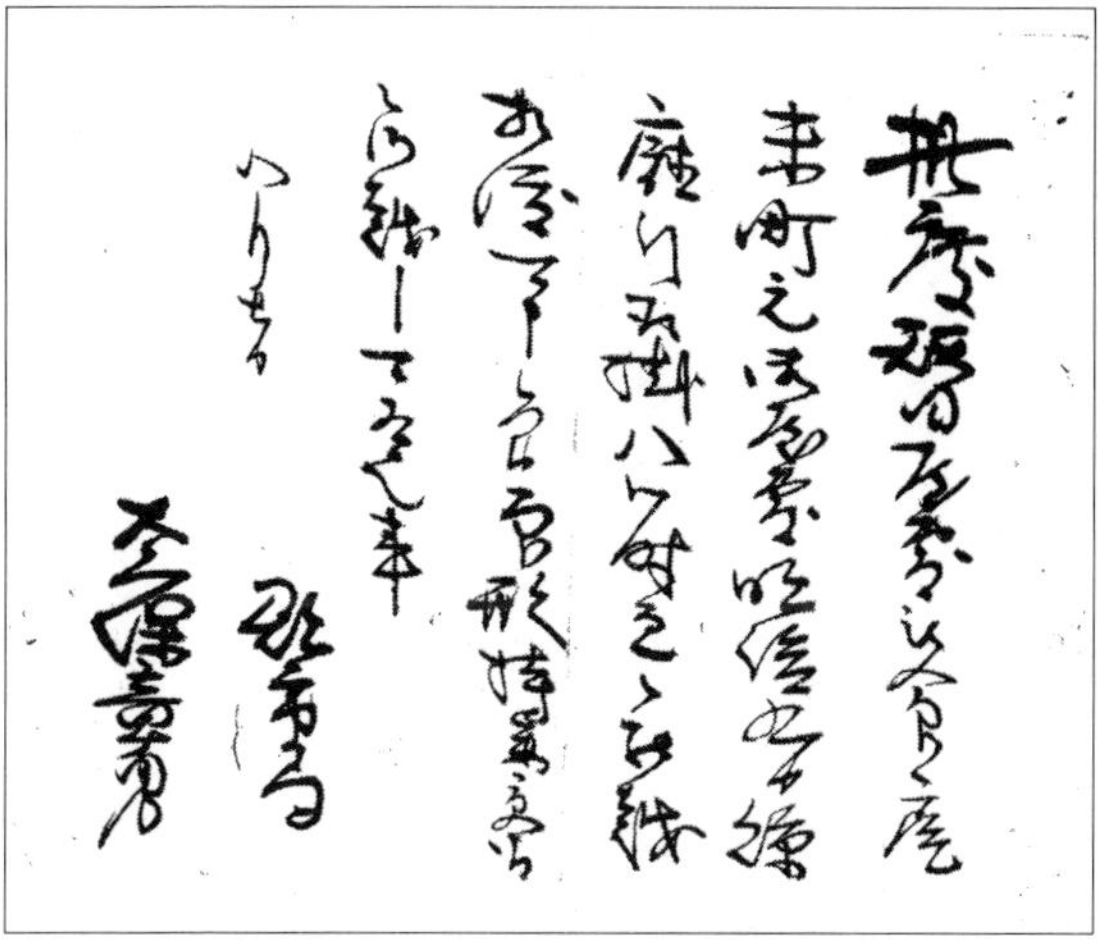
此度替屋敷被命候尾
末町之御屋敷明後九日縣
庁引取掛八ツ時過罷越
相渡可申候間印形持参
受取ニ御越し可有之事
八月七日
郡市局
大久保章男

「替屋敷」を指示した当時の公文書

『此度替屋敷被命候尾末町之御屋敷明後九日県庁引取掛八ツ時過罷越相渡可申候間印形持参受取ニ御越し可有之事

八月七日

郡市局

大久保章男』

明治四（一八七一）年七月晦日に藩庁より指示があり八月七日に通知が出され、八月九日に引取の印形を押して、八月十五日に大久保家は埋木舎に引っ越してきたのである。

埋木舎存続の危機と大久保家代々の保存への奮闘

招魂社創設

明治八（一八七五）年、招魂社（護国神社の前身）建設の計画が持ちあがり、敷地が尾末町に確定した。神社創立委員長大東義徹は、「国家のために殉死した者を祭る社の神域として埋木舎全部を提供してくれるように」と大久保家に強硬に要求してきた。大久保小膳は「埋木舎は開国の英雄井伊直弼の青年時代を過ごした唯一の記念すべき史跡であるから断じて差し出すわけにはいかない。直憲公から大久保家で子々孫々これを守り直弼の遺徳をしのぶようにと拝領したものであるからなおさらである」と断ったが、大東らは、「東京や京都に立派な家を提供するからどうしても出てくれ。彦根なら八景亭全部を大久保家へ与えてもいい」などと利益誘導をさかんに行ったが、大久保小膳は井伊直弼の遺跡埋木舎を経済的には度外視して守ったのであった。しかし、埋木舎の西南の地、すなわち、いろは松寄りの土地については、埋木舎の保護地として大久保家所有地であったが直弼当時の埋木舎には直接関係ないとして、招魂社の約半分の広さに当たる土地を寄付したのであった。尚、当初の招魂社の神主は大久保小膳の弟大久保章次であった。兄弟で「埋木舎」保存で直弼の遺徳をしのびつつも、新しい国家プロジェクトである「招魂社」創設にも力を合わせていたことは特筆されるべきことである。因みに、大久保家は当該土地以外に、明治維新以降所持した現在の裁判所の用地や、滋賀県立彦根東高校の敷地の相当部分の土地をそれらの設立時に寄付しているが、今日これらの貢献を記憶している人ははたしているだろうか。

招魂社創設にともない埋木舎の敷地はかなり狭くはなったが、井伊直弼の遺跡の大部分が保存されたことは大久保小膳の何よりの功績といえるだろう。

琵琶湖の大水害

明治二十九（一八九六）年、琵琶湖一帯は水害により洪水となった。湖からきた水は堀をあふれさせ、尾末町一帯の住宅は床上まで浸水破損し、使いものにならなくなった。水害の後、多くの家は壊して新築されたが、大久保小膳は多大の経費を自弁して埋木舎を修繕し、旧態のまま保存した。

虎姫地震

明治四十二（一九〇九）年、虎姫の大地震の時に、埋木舎の主屋は傾斜し、長屋大門は破壊されてしまった。当主大久保員臣は巨額の私費を出し主屋はいったん解体してから修復したのである。その時に玄関部分は相当変更されてしまったが、長屋大門は完全に旧に復したのである。大洪水と大地震でダブルパンチを受けて、尾末町には六十数軒あった武家屋敷はわずか三軒しか残らなくなった。しかも他の二軒は生活しやすいように大改修がなされてしまったという。大久保小膳の子、員臣もまた埋木舎保存に奮闘したのである。

太平洋戦争中の護国神社拡張

第二次世界大戦中、日本軍国主義が絶対のものであったころ、護国の英霊を祭祀する護国神社を軍部の圧力で拡張することになった。神社の隣接地埋木舎は、特に米国や英国と条約を結んだ平和主義者井伊直弼の史跡である。「鬼畜米英」と戦争していた軍部にとっては目の上のたんこぶであったであろう。拡張計画では楽焼竈址、武道場址など、埋木舎境域の約三分の二を占める庭園をということだった。ところが、大久保員臣の息子たち、章彦、定武、東京にいた明文の三兄弟は一致協力してこれにも断固反対したのである。ある時は埋木舎に憲兵が数名押し入り、「埋木舎を軍に提供しない奴は国賊である。戦車を出してぶっつぶしてやる！」と威圧したそうであるが、大久保三兄弟は切腹の白装束で迎え、「我らの首を斬ってから接収せよ！」と埋木舎を死守したそうである。その場に立ち会っていた彦根警察署長も驚いて「このおじさんら頭がおかしいので今日のところはお引き取りを」と憲兵たちをなだめてその場を治めたそうである。

章彦は京都帝大時代親交のあった近衛文麿氏や立憲民政党総裁を務めたことのある町田忠治氏に直接協力を要請したり、時の権力者東条英機をも説き伏せるなどして奮闘したと聞く。昭和十七（一九四二）年二月には埋木舎保存の嘆願書を文部省に提出し、明治の招魂社と同様に杉樹林となれば、屋敷に太陽が当たらなくなること、楽焼竈などの遺跡を潰してしまうことなど、埋木舎を永劫保存できなくなることを訴えた。かくして時の県会議長森幸太郎氏に通達してもらい、原案は破棄されることになった。当時の彦根市長松山藤太郎氏は大久保家の親類であったので板ばさみ状態となり苦慮されたが、埋木舎の保存が決定するや喜びの涙をされたとのことである。

しかし軍部や行政の意向にたてついた大久保章彦は非国民とののしられて、特高警察や憲兵、官僚にマークされ、一時不当拘束さえされた。章彦は紋付袴で死も覚悟して対応したという。今日のように文化財保存の意識がない軍国主義の戦時中、命をかけて、軍、官僚を相手に主張を通した三兄弟を墓場の陰で大久保小膳はきっと頼もしく思っていたことだろう。余談だが、当時県は、この章彦の抵抗に対するいやがらせとして、いろは松より港湾に通ずる護国神社裏の道路をつぶして堀端まで境内にして、埋木舎へ通行できないようにした。

戦後も機会あれば市は買収を交渉

戦後は軍国主義で覆われていた暗雲が晴れ、歴史は科学として事実追及を中心に、自由な真理探究の研究が盛んになった。明治維新から太平洋戦争敗戦まで、薩長や文部官僚、軍国主義者たちが意図的に作文していた井伊直弼に関する記述が、相当誤っていることが指摘されるようになった。幕末、開国によって国難を救い、戦争を起こすことなくアメリカ、イギリス列国との平和的条約で国交を結ぶことに努めた国際協調主義者井伊直弼の歴史的評価が修正されてきたのである。このためには、埋木舎時代の直弼の人格の修練を示す各史料や大老時代の各公文書等が保存されていたことが大いに貢献したことはいうまでもない。何より埋木舎そのものが、直弼が暮らした時代そのままの雰囲気で現存していたことが力強いバックボーンとなっていたことは否めない。

文部省はその歴史的文化財としての埋木舎を高く評価して、昭和三十一（一九五六）年に国の特別史跡として指定し官報に公示した。

文委記第六十二号
昭和三十一年七月十九日
大久保員臣殿

文化財保護委員会
委員長　高橋誠一郎　印

特別史跡の指定について（通知）
文化財保護法第六十九条第二頁の規定により下記の通り指定しますから通知します。なお昭和三十一年七月十九日文化財保護委員会告示第四十九号で官報告示しましたから念のため申し添えます。

記

一、種　別　特別史跡
二、名　称　彦根城跡
三、所在地　滋賀県彦根市尾末町
四、指定地域の中貴所有に係る部分
　尾末町　二十五番、二十四番
（埋木舎の敷地）

これより先、昭和二十八（一九五三）年十一月より、毎日新聞の連載や映画や演劇『花の生涯』で有名になって観光客が多く訪れるようになっていた「埋木舎」を一般公開した。大久保定武とその姉・浜の二人が掃除をし邸内を案内していた。しかし、開館当初大人十円、小人五円の入場料では、老朽化が進む埋木舎の補修もできない有り様であった。

昭和三十四（一九五九）年秋ごろから彦根市は翌年秋、行われる井伊大老開国百年祭の記念事業の一つとして直弼ゆかりの埋木舎の買収計画をたて、所有者大久保定武と交渉しはじめた。定武は「代々大久保家で埋木舎は守る」という信念をまげずこれを拒否。市は「管理権だけ譲ってほしい。生活は隣りの、市が買収した旧三浦宅（当時の教育長官舎）でしてくれ」と強硬であった。さらに東京の定武の弟、熊木明文宅へも助役を派遣して市への譲渡を要求したが、同じく従来の大久保の埋木舎死守の努力を力説してこれを拒否した。因みに、この埋木舎隣りの三浦宅は大久保家の親類でもあるので、三浦氏が売るのを機に大久保で買う約束が予めできていたが、市は急きょ、前述の埋木舎との交換のためかこれを買収してしまったことも、大久保定武を立腹させた。

彦根市文化祭で十四年ぶりに三日間公開

昭和五十四（一九七九）年二月十五日、大久保定武死去後、大久保治男に当主が代わるや、市は再び埋木舎の市への管理権の移譲を打診してきた。現当主も明治四（一八七一）年以降の大久保家代々の並々ならぬ埋木舎保存の努力によって奇跡的に現在まで残ったことを力説して市の申し出を拒否した。埋木舎は大久保家において代々守るべきことという直憲公のことばを家訓としているので、今後も永久に所有権を譲ることもないし、管理、運用についても個人財産として子々孫々に継承していくことは当然のことといわなければならない。

しかし、井伊直弼公の青春時代の修養の跡をしのぶ唯一の遺産「埋木舎」の歴史的・文化的意義はますます重視されてくるのである。

放置すれば、埋木舎の老朽化はひどくなる一方で、遠からず自然崩壊してしまうだろう。これでは先祖の苦労も報われない。

埋木舎の文化財としての歴史的、公共的価値は国民共通の財産であることも十分認識し、文化財保護法の趣旨に従い、国、県、市の全面的財政援助で、大久保の個人財産であることを必須的前提としこれとの調和をもって、解体完全修復し、その上で公開すべきだと祈念していた。

現当主も、昭和四十七（一九七二）年三月、さらに昭和五十四（一九七九）年と二度にわたり私財を投じて、明治四十二（一九〇九）年以来六十三年ぶりに主屋五室ほどの床や土台の修理を行った。しかし、他の棟は床、天井、壁は落ち老朽化がひどく早急の修理が必要であった。

この間、昭和五十四（一九七九）年十月に彦根市文化祭の協賛のために、「埋木舎に直弼公をしのぶ集い」（主催・城下町彦根を考える会）の行事の折、三日間だけ一般公開したことがある。

昭和五十四（一九七九）年十月三十日の朝日、読売、中日、京都の各新聞は「埋木舎十四年ぶりに公開」という大見出しで二段ぬき写真をのせ三段～五段の記事でおおむね次のような紹介をした。

昭和 54 年の一般公開の様子
「埋木舎」の意義と保存の苦労話をする筆者。「埋木舎」の揮毫は 15 代井伊直忠伯爵。

幕末の大老、井伊直弼が青年時代を過ごした彦根市尾末町の埋木舎が二十九日、十四年ぶりに公開された。埋木舎は大老直弼を語るとき必ずふれられる由緒ある建物で国の特別史跡。この日約百五十人の市民が当時の原形をとどめている直弼居室などで郷土史家を交え、直弼公をしのんだ（朝日新聞記事より）。

この公開は「城下町彦根を考える会」の松田亘史会長（市教育委員長）が市文化祭の協賛行事として「直弼公をしのぶ集い」の開催を計画、四十年来固く門を閉じたままの埋木舎の開放を大久保氏に要望、実現した。老朽化している建物のいたみを考慮して見学者は事前申し込みで百五十人にしぼって時間を区切って五回に分け三十人ずつ入室させた（読売新聞記事より）。

井伊大老誕辰祭について

大久保小膳は明治十九（一八八六）年から三十五（一九〇二）年までの十七年間、毎年十月二十九日に、琵琶湖畔御浜御殿を借用して、井伊大老の「誕辰祭」を神式によって自費で挙行していた。

当日は献茶と、参拝者の大老をしのんで詠じた献歌の儀も行われていた。また、御茶の席では、活花の席も設けられ参拝者は自由に休憩した。さらに祭典終了後より夕方までは能楽が奉納され、余興や福引等もあったという。

松原村立小学校の全生徒は教師が引率して毎年この祭典に参列して直弼公による自作の歌を唱和したという。夕方よりは招待者には酒食を饗応し、終日直弼公を追慕懐旧して散会する慣わしであった。

明治三十六（一九〇三）年一月、大久保小膳死去した後も旧藩士の人びとはその子大久保員臣が、父の志を継承して誕辰祭を続けるよう申し入れたが、員臣は辞退した。

その後有志の人びとによって「旧談会」と称する会が創設され、会員の拠出する会費をもって

御浜御殿（撮影年代不詳）（彦根市立図書館提供）
江戸時代後期に建てられた藩主の別荘「松原下屋敷」。明治以降は井伊家の家政機関「千松館」が置かれていた。

誕辰祭が何回か行われた。その後、同会は「無根水会」また「井伊直弼朝臣顕彰会」と名称を変更したが誕辰祭は自然消滅してしまったという。

今日存する旧彦根藩士の会「たちばな会」がその精神を受けついでいると聞き安堵した。因みに前会長は直弼公の側室里和さまの実家・西村氏の子孫西村忠氏。そして、現会長は彦根藩一番家老木俣氏の子孫木俣光彦氏である。

■赤備えと継承問題■

井伊家の赤備えは甲斐武田の旧臣達が直政の配下となったからであり、大久保家の祖先も一時武田方に仕えていたことは四章でも述べたが、不思議なもので、どうも我が家は甲斐・武田とのつながりがある。

筆者の妻は武田の祖・新羅三郎の末裔につながる山梨の旧家春日居の生原《はいばら》家に生まれた。また娘は甲州・武田信玄より「吉」の屋号の一字をいただいた塩問屋孫左衛門「吉字屋」の高野家十八代目に嫁いだ。「敵に塩を送る」という諺があるが、武田信玄の命を受け、上杉方の越後産塩を持ち帰ったのが初代孫左衛門である。そして筆者はかつて武田神社のすぐ近くにある山梨大学や山梨学院大、山梨県立大で教鞭を執っていた。浅からぬ因縁を感ずるのである。

写真は大久保家の赤備えと筆者、妻、十三代（十七）目を継ぐ孫・忠眞

さて、大久保家が旗本より彦根藩に仕えて以来、系図を詳しく辿ってみると、五代目新右衛門家の次男が孫左衛門家の初代となったが、その後孫左衛門の息子が新右衛門家へ養子に行ったり、また他家から養子を迎え入れたりしつつ、家系を継承し

てきたことがわかる。継承問題は昔も今も変わらず、天皇家も大名も庶民もみな等しく悩みの種であることに変わりはない。

　筆者は江州八日市近江源氏佐々木一門の後裔である熊木家から、大久保家へ養子に入ったからには、子々孫々「埋木舎」も保存継承してゆかねばならない重大な責務があった。めでたく平成十八年には次男忠直が同じ高校教諭の綾乃と結婚、孫忠眞が誕生した。これにより、私の目の黒いうちに先行きの目処がついたのである。息子・忠直夫妻、孫・忠眞は日々の仕事に加え、埋木舎の保存という重大な使命も背負っているが、歴史の重みを受け止め、しっかりと責任を果たしてくれるだろうと期待している。

五章

宮様御尊来

現秋篠宮殿下の学習院時代、ご学友とともに埋木舎をお訪ねいただいたことは、大久保家にとっては大変名誉なできごとであった。

礼宮文仁親王殿下「埋木舎」をご見学

昭和五十八（一九八三）年三月十日、礼宮さま（秋篠宮文仁親王）は、学習院高等科地理研究会の研修旅行のため、琵琶湖周遊の三泊四日の旅の第一歩を、彦根「埋木舎」にしるされた。

筆者は当時、学習院父母会の高等科の主務幹事（ＰＴＡ会長）を仰せつかっていた。長男忠治も学習院高等科で礼宮さまの一年上級生ということもあり、大歓迎のため大久保一家全員彦根にそろって一行をお迎えした。当時の埋木舎は、最も老朽化のひどい状況にあったので、庭の雑草や枝を払い、障子紙を張り替え、畳を替え、それでも崩れた部屋の前には、板を張ったり、屏風を並べたりして応急措置をしたものであった。

当日、新幹線ひかりで米原駅着、在来線を西明石行きに乗り換えられ、午前十時四十一分、担任の岡崎先生、学友二十八人とそれに若干の宮内庁関係者とごいっしょに彦根駅にお着きになられた。礼宮さまの服装は紺のハーフコート、薄グレーの格子まじりのズボン、茶色の革靴、それに大型のカメラを肩にしておられた。筆者の案内で徒歩で駅前通りから護国神社、いろは松を経て、十一時過ぎに「埋木舎」に入られた。表座敷、茶室「澍露軒」それに奥座敷、居間等を案内申し上げた。奥座敷で礼宮さまはじめ全員の方に約三十分、埋木舎当主である筆者が、井伊直弼が青春時代の十五年間を過ごしたこと、文化人としての修養に全魂を傾けていたこと、幕末の国難に対処した度量が埋木舎で形成されたこと等を進講申し上げると、大変興味を持たれたご様子であった。しかし、いかにも老朽化した家屋に強い印象を受けられたらしく、宮さまはその後も古い家を見学されると「埋木舎みたいですね」と息子に申されたとかを承り、恐縮の極みであった。しかし文化人直弼の質素な生活ぶりや厳しい修練の様子を理解していただいたことは何より有難いことであった。

礼宮さま一行は埋木舎において、お弁当でご昼食、小休の後、午後一時過ぎ埋木舎を出立されて開国記念館より彦根城へ登られた。天守より眼下に広がる琵琶湖や町並みをご覧になり、玄宮園を経て、さらに、井伊家の菩提所龍潭寺の石庭やダルマをご覧になり、宿泊所、彦根簡易保養センターへ参られた。二日目以降は、安土や草津本陣、大津、三井寺、延暦寺、近江舞子の旧跡を回って、最後は長浜豊公園、慶雲館、旧長浜駅舎さらに下坂家（筆者の親類）を訪問されて研修旅行は終了となった。

学習院の関係があったにしても、礼宮さまが「埋木舎」にお立ち寄りいただいたことは大久保家の歴史にとってこの上ない名誉なことであり、いつまでも記憶すべきこととして、玄関前の柳の木を「礼宮さま御尊来記念樹」とさせていただいている。

〔13〕　昭和58年（1983年）3月11日（金曜日）

彦根城などをご見学

礼宮文仁さまが研修旅行

皇太子殿下の二男、礼宮文仁（あやのみや・ふみひと）さまは、春休みを利用、学習院高等科地理研究会のクラブ研修旅行のため十日、学友二十八人とともに湖国入りされ、この日は名所、旧跡を中心に春雨けむる彦根市内を精力的にお回りになった。

宮さまは午前十時十六分、新幹線「ひかり号」で米原駅着、東海道線の普通電車、西明石行きに乗り換えられて同四十一分彦根駅へ――。

最初は開国の英傑として知られている幕末の大老、井伊直弼が青年時代心身の鍛錬に励んだ「埋木舎」（うもれぎのや）で大老の忍従時代に思いをはせられながら同所でご昼食。この後、開国記念館、井伊美術館で藩政時代の美術、工芸品や各資料などご見学。午後一時四十五分ごろから約一時間にわたって国宝の三層天守閣へお登りになり、眼下に広がる江州路や琵琶湖の眺望をお楽しみになった。

この後、名勝・玄宮園をご鑑賞になったほか、井伊家の菩提所・竜潭寺などへご参拝、同夜は同市松原町の彦根[illegible]保養センターで一泊された。

この日の宮さまは紺のハーフコート、薄グレーに格子じまのズボン、茶色の革靴、カメラを肩にされたスポーティーな服装。説明役の彦根市役所観光課、小川[illegible]・[illegible]の説明にうなずきながら熱心に耳を傾けられていた。

宮さまが彦根へおいでになったのは学習院初等科時代の五十二年十一月八日、学習院中等科最後の春休みの五十六年三月十二日に次いで三回目。

十一日は蒲生郡安土町の県立近江風土記の丘をはじめ十三日まで県下各地をお回りになり、三泊四日の研修旅行を終えられる。

天守閣前で熱心に説明をお聞きになる礼宮さま（中央たたんだ傘をお持ちの方）＝彦根城で

礼宮さま彦根訪問を伝える当時の中日新聞

十二時間テレビで『花の生涯』

昭和六十三（一九八八）年正月二日、テレビ東京系で放送する十二時間連続の超ワイド時代劇番組は、井伊直弼の埋木舎時代の青春を中心に展開する舟橋聖一原作の『花の生涯』と決定され、その彦根ロケーションが昭和六十二（一九八七）年八月二十八日より開始された。

キャストは井伊直弼に北大路欣也、たか女に島田陽子、長野主膳に三浦友和、埋木舎時代の側室佐登には岡田奈々という豪華メンバーであった。

ロケはまず埋木舎、佐和口多聞櫓周辺から始まった。『花の生涯』は前述したように、ＮＨＫテレビ大河ドラマの第一号であり、当時は大変な視聴率で放送時間には風呂屋がからっぽになったといわれた。彦根、特に埋木舎も全国的注目を浴びたが、再び民放で正月放送されることは大いに話題性があり、埋木舎の名声も再認識されることになった。

『花の生涯』は、恒例のように歌舞伎座や大都市の劇場等で上演されていたが、テレビの偉力はまた格別である。

埋木舎はちょうど解体修復中であったので、ロケは主に玄関前や大門及び門前堀端で行われた。

テレビロケに使われた埋木舎

出演者と記念撮影

猛暑の中を名優たちがくり返し熱演していたのには頭が下がった。

六章
文化庁による埋木舎修復工事

昭和五十九年の大豪雪は埋木舎にとって決定的なダメージとなったが、これをきっかけに文化庁が全面修復に乗り出した。災いが福となって、埋木舎は直弼時代の姿を取りもどすことになった。

昭和五十九年の豪雪被害

昭和五十九（一九八四）年一、二月、近江地方は未曽有の豪雪に遭遇し、老朽化のひどかった埋木舎の南棟部分はその屋根の積雪の重みに堪えかねて完全に倒壊、跡形もなく瓦礫の山と化し、長屋、主屋、大門も各所に大きな雪害を受けるに至った。

市文化財係を通じ、県、文化庁と被害報告がなされ、国は早速に調査費をつけて雪害の被害調査が行われた。その結果、埋木舎全部の解体修復、復元しかこの文化財を保存するには方法がないと判断がくだり、昭和六十（一九八五）年より五年計画（実際は六年）で、文化財保護法に基づく「国宝重要文化財等保存整備補助金」の交付を受けて、国特別史跡彦根城跡内埋木舎保存修理工事を行うことが決定した。総工費約二億円（増額分を含む）をかけて昭和六十年度よりスタートした。

解体前と直弼の居住当時に完全復元された解体修復後の埋木舎の比較については、「埋木舎素描」のところで述べてあるのでそこを参照していただきたい。

以下は、昭和六十年度文化庁に提出した、国庫補助金交付申請書の一部である。

破損状況
〔基礎〕主屋、南棟、台所、水屋、長屋の柱礎石は若干沈下が見られ、その間に並べられた狭間石は不陸が著しく全般に乱れが目立っている。又、ところどころ礎石を重ねた箇所もあり後世柱根継ぎの際腐朽するに対し備えたものと思われる。云々。

〔軸部〕主屋の柱は全般に柱根部分の腐朽が著しくまた根継ぎの修理が行われた箇所が随所に見受けられる。又、柱の傾斜が著しく建具と建付は桟木板などを用い戸当たり部分に隙間が生じる状態を防いでいる。

台所は倒壊寸前に傾斜しており、控え柱を添えて補強している。

水屋は柱根部分に腐朽が見られ、若干傾斜が生じており全体に老朽が目立つ。

長屋（廐、男部屋を含む）は前記同様、腐朽、傾斜、老朽が見受けられる。

門は若干柱根部分の腐朽と傾斜が見受けられるが蹴放しに多少腐朽の著しい箇所がある。

又、全体に風食が見受けられるが保存上は良好である。

高塀の柱、棟木は腐朽著しく、又、倒れ、不陸も著しい。

〔軒廻り〕庇先端、広小舞、登り淀は腐朽、老朽が目立ち、雨漏りが生じている野地板では腐朽が著しい。
〔雑作〕敷居はいずれも溝が摩耗し、その形状がくずれてしまっている。又、外部に面する箇所では風食、腐朽が著しい。主屋化粧の間では敷居、鴨居、天井が落ちてしまい現状ではその痕跡があるのみとなっている。壁は柱の倒れのため散り廻りで隙間が全体に生じている。又、剥落している箇所も見受けられる。云々。
〔小屋〕〔屋根〕〔建具〕の部分省略

要するに埋木舎全部が老朽化し崩れ、風化し二百五十年近く経た木造建築は元の型のまま立っているのが不思議なくらいのボロボロの状況だったのである。

庭園も樹木全般、剪定が行われないまま放置されており枝葉が自然なままに繁り、又、飛来してきた種子により増殖されている。野面石積みは崩れてしまい沈下も見受けられる、又、数箇所に石積み以外の石と思われる石が存在する。

要するに荒れ放題、裏庭はジャングルのような庭になっていて人も入れない状況である。

豪雪で倒壊した南棟

老朽化著しい水屋近辺

さて、右のような埋木舎に対する修理方針の概要は次のように記されている。

解体及び半解体修理（後に全部解体となる）

「範囲」解体修理は主屋正面玄関廻り、南棟、台所、水屋、門、高塀とする。半解体修理は主屋女中部屋、次の間を含め東側と長屋（廐屋、男部屋を含む）とする。「修理内容」屋根瓦、屋根野地、廂、敷居、外壁、板張り、畳などは葺替及び取り替えとするが小屋梁、軒桁、柱、内法材、建具、床組、礎石などは可能な限り再用修理とする。

修復前の埋木舎

修復前の主屋正面

解体修理

工事の工程は各年度ごとに、調査、仮設工事、解体工事、基礎工事、木工工事、屋根工事、建具、畳等の雑工事等がある。

埋木舎の修復工事の全般の監督、調査、管理、指導並びに市、県、文化庁との接渉等は、京都の財団法人建築研究協会にお任せした。

実際の建築工事は、愛知川の宮大工の伝統を承継する社寺建築のオーソリティ木澤工務店が担当した。工事が無事完了したことはその真摯な努力と高度な技術に負うところが大きい。

庭園は五個荘町の花文造園で担当の山村文志郎氏にお世話になった。この他すべての工事関係者の方々の誠意と努力によって埋木舎は見事に修復され文化財としてよみがえった。感謝してあまりある。

井伊直弼公もあの世でさぞ喜んでいるにちがいない。ここに数々の困難をのりこえて埋木舎を死守してきた大久保家代々の面目も立ったのである。

玄関周りの解体修理

修復前の長屋

年度別工事の大要は次のごとくである。

昭和六十年度、六十一年度

全体の解体と調査。埋蔵文化財の調査も並行された。主屋部分の修復建築

昭和六十二年度、南棟部分の修復建築

昭和六十三年度、玄関、台所、水屋等の修復建築

平成元年度、長屋、大門、高塀の修復工事

平成二年度、庭園部分の完全復旧工事

こうして全面解体修復工事を機会に、井伊直弼の居住当時の埋木舎、天保年代中ごろの状況に復元されることになった。明治初期、明治四十二(一九〇九)年の虎姫大地震の時と半世紀以来経って昭和四十七(一九七二)年、昭和五十四(一九七九)年ごろの、模様替をともなう修復が私財によって行われたが、ようやく今回は原状にもどし、文化財としての価値をさらに高めたのである。

台所棟の解体修理

木澤氏、西田氏とともに筆者

工事による間取りの変更

主な現状変更は次のごとくである。

玄関部分、車寄せ付の間口四間、奥行二間半の玄関並びに玄関と座敷をつなぐ渡り廊下二棟を復旧する。主人や客人の渡る廊下と家人の渡る廊下とは別にあった。玄関左の八畳座敷をなくし右列に二室(四畳半と四畳)若党部屋が復旧した。

主屋については、表書院の次の間の床がなくなって壁となり、表座敷の脇棚がなくなり、床の間の右手奥が二枚引戸の襖となって、奥座敷からの出入りが可能となった。

澍露軒についても水屋周りが少々変更された。

南棟部分については座禅の間西側縁のうち北一間分撤去、御産の間西押入を撤去、縁側に復する。脱衣の間の床が板張りであったのを畳敷に改めた。

台所部分は、かまどの復旧、南端の焚口土間、風呂場、便所並びに水屋の旧状への整備。

長屋部分は一階廊下部分は土間で外部スペースとなり、階段は向きが変わり、外から直接二階へ上れるスタイルになった。

台所棟の西側便所

台所棟棟木の痕跡

その他少々の手直しがなされ、まさに直弼居住時代そのままの館になったのである。

庭園部分も荒れ放題であったのが岩組みに至るまで調査され、植木や枯山水ともども直弼の時代に復旧され、質素な中にも格調の高い庭園となったのである。

長屋の外側や、堀、通路から見える側面、高塀は板囲いであったものを、もともとあったように白壁式にもどした結果、周囲を威嚇するような武家屋敷の雰囲気がよみがえることになった。


昭和六十年より始まった文化財保護法による国公費補助工事については官公庁の大勢の関係の各位に大変なお力添え、ご指導を受けたわけであるが、ここには直接お世話いただいたご担当の方々の御名前を記して感謝の気持ちを表したい。六年間なのでご担当の方も何人か代わられた場合もある。

長い年月にわたった大工事であることがわかり感無量である。心から感謝申し上げる。

文化庁文化財保護部記念物課
調査官　加藤允彦氏

旧玄関部の発掘調査跡

南棟の礎石全景

滋賀県教育委員会文化財保護課
主　査　井上健夫氏／鈴木順治氏／安居増雄氏／葛野泰樹氏
彦根市教育委員会文化財係
係　長　小菅一男氏／尾本吉史氏／国定信夫氏／日夏秀喜氏

この時の修復工事の詳解調査・報告については、『特別史跡彦根城内埋木舎修理工事報告書滋賀県』として、筆者ならびに(財)建築研究協会就筆にて文化庁ならびに関係機関等に提出済みである。

「埋木舎」完工祝賀式典と披露宴

平成三（一九九一）年三月二十七日、埋木舎の六年間の解体修復工事が無事完工、一般公開に先だって、大久保家主催で関係機関の各位ならびに有力な地元の方々約百名を招待し、埋木舎においで記念式典と見学会、さらに近江プラザホテルにおいて盛大な披露パーティーが行われた。

式典では文化庁から加藤調査官、県から伊香文化財保護課長、市から獅山市長と松本市議会議長それに大久保埋木舎当主の五名でテープカットが行われ、各氏より祝詞が述べられた。いずれも「埋木舎」が今日まで保存されてきた大久保家代々の功績を称えられ、ますます重要史跡となろうと述べられていた。

また埋木舎修復工事にご尽力いただいた（財）建築研究協会理事長、木澤工務店社長に感謝状が贈られた。

尚、NHK大津局、大阪局のご好意で大河ドラマ第一号『花の生涯』のパネルと三、四分に抜粋された埋木舎のシーンのテレビが繰り返し放映された。さらに奥座敷においては東京より来られた桜井宗梅茶道教授、地元の久保田宗延茶道教授による茶会が行われ、参加者一同、埋木舎での直弼の茶道精神にも深く浸られていた。

式典にご出席いただいた方々は、地元は彦根市関係者をはじめ各界名士の方々、井伊家ゆかりの仏閣のご住職、新聞各紙や放送メディアなど広範囲にわたった。

祝電の披露は二十数名に及んだがその代表として一通紹介させていただく。

十八代・徳川家宗家（将軍家）徳川恒孝《つねなり》氏

『このたび埋木舎が大修理を完了し、来る四月一日より、めでたく公開の運びとなりましたことを、こころからお慶び申し上げます。この国指定特別史跡が、明治維新後の困難な時代を経て、よく保存され、人々の御大老への歴史的回顧に深い感銘を与えることを思い、関係各位の御尽力に心から敬意を表します』（原文は全部かな）

大変長文の心からのご祝電を将軍家より拝受し感無量であった。大久保の祖先が徳川の旗本であれば、その感謝また大といえよう。

三時過ぎ、御多忙の御列席者の中には中途御退席の方もなく盛会裏にお開きになったことは何より有難いことであった。

埋木舎竣工式

奥座敷での茶会

司会は長男・忠治にビデオ記録は次男・忠直に頼んだが、埋木舎を守る次代の子供たちも本日の会を見てその責務の重大さを感じ心新たなものがあったと思われる。

「埋木舎」一般公開

昭和三十九（一九六四）年四月から約九カ月間、NHK大河ドラマ『花の生涯』が放送されると、まさに井伊直弼ブームがまき起こり、彦根城に観光客は百万人以上押し寄せた。当然ながら埋木舎も花の生涯の主舞台であったので、見学希望者は大勢いた。当時、埋木舎の老朽化は相当に進み庭園も荒れはじめてはいたが、先代当主の大久保定武と姉の浜の二人は、応急処置をして一般公開の要望に応えたのであった。浜が受付を担当し、定武が案内、説明を行った。二人とも着物をきちんと着ての礼儀正しい応接は、真の武士を見るがごとしと、観光名物になったが、一年ほどで熱気は冷めてしまった。入場料収入は清掃や修繕の費用としては低額のために十分ではなく、ついに公開を打ち切り、埋木舎の大門はそれ以後固く閉ざされることになった。

彦根市当局は、埋木舎の修繕費や修復建設費は市が全額負担するから管理権を委託せよと再三にわたり申し入れてきた。さらに買収費用までを積み立てたり、隣家の提供を申し出たりしたが、

修復後の埋木舎一般公開で見学に訪れた人々（写真・京都新聞社）

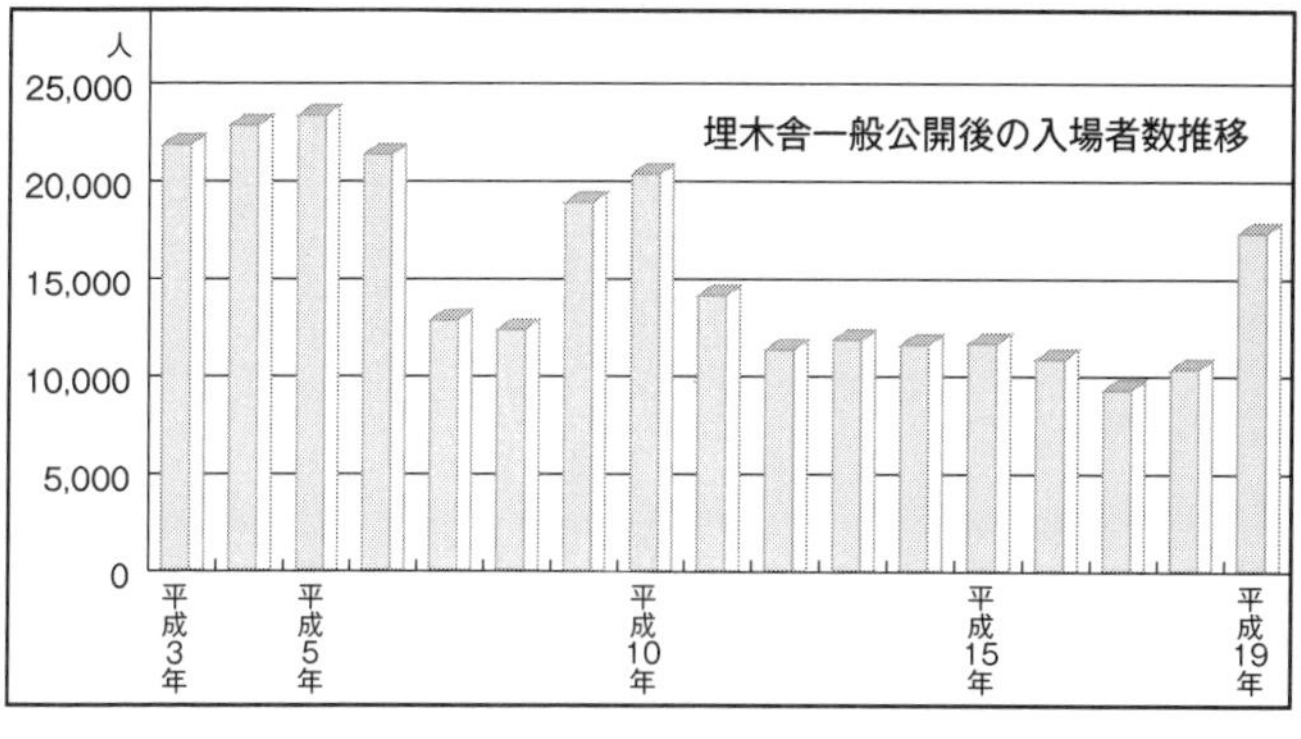

前述にあるように「埋木舎は大久保家の子々孫々で守る」との家訓を遵守して頑なに拒否してきた。やがて定武・浜の両名は高齢のため、東京の養子宅や病院に引き取られることになったため、埋木舎は無住状態になり、近くに管理の人は頼んだものの雨戸の開閉もままならず荒廃がさらに進んだ。

こうした紆余曲折を経て、埋木舎の一般公開は、全面解体修復工事が完了した後、二十七年ぶりに行われた。埋木舎は直弼の居住していた時代に復元され、大門、長屋、高塀、それに護国神社側の白壁の高塀がいろは松並木通りまで連なっている。対面の佐和口多聞櫓や池田屋敷の白壁とともに堀に影を落とす様は、江戸時代の武家屋敷町さながらである。埋木舎公開は、直弼が居住していた時から数えると百四十五年ぶりに観光客や市民は、直弼時代にタイムスリップして見学することができるようになったともいえる。

明治四(一八七一)年以来、大久保家は代々百四十年近くにわたり埋木舎を守ってきた。彦根市も文化庁も存在しないはるか昔、廃藩置県が行われた年からである。

木造建築の自然の老朽化、地震、水害、虫害、湿気に耐え、ある時は埋木舎収容や買収の権力に抗して、火災も出さず守り通してきたのは奇跡とも思われる。

小膳、員臣、章彦、定武それに治男(筆者)と連なる歴代大久保家当主が、埋木舎の保存、維持に私財を投じてきたのは、精神的にも強く埋木舎を愛し続けてきたからである。今日のように平和でもなく、文化財保護の一般認識が希薄な時代にもである。もともと大久保家は実業家でもないし、とりわけて高給な勤め人でもない。わずかな資産を運用しながら埋木舎保存に心血を注いできたのである。章彦、定武、さらに二姉妹は結婚も就職もせず、生活費を極度に切り詰め、おかゆをすすりボロを着て、水道、ガス、電話もつけず、電燈もハダカ電球一つの定額燈で生活していた。定武にいたっては、「彦根の三奇人」の一人として人々の口の端にのぼったほどである。

筆者は、実家の相当な資産と大学教授の地位を有したまま、父の生家である大久保家に養子に入ったが、これも埋木舎を守るためといっても過言ではない。幸い東京のアパート収入や大学の給料などのおかげで、毎年二～三百万円の私財を投じて老朽のひどい箇所の修繕や管理人の手当に当てることができるようになった。また、年に七、八回東京よりの帰彦や滞在も可能となった。老人二人を東京へ引き取って世話もし、死を看取った。しかし一方で、東京の養子はいずれ埋木舎を売って金にしてしまうのではないかと陰口をたたかれる始末であった。その間も埋木舎は、極度に老朽化し、二百五十年を経過した木造建築は修繕が追いつかず腐食のスピードを速めていた。そして、雪害による倒壊である。これを機に文字通り「災い転じて福となす！」で、国公費援助による埋木舎の全面解体修理、六年間の工事完了、一般公開と次々とうれしい明るい方向へ大発展したので、長年の大久保家の苦労はふっとんだ。この時ばかりは神仏は正義に味方するとの思いを強くし、直弼の魂は埋木舎の中に生きつづけ、その番人の忠臣、大久保家代々の人々は主君に対してばかりでなく、歴史にそして文化財に対して忠義をつくした真の武士として報われたと思ったものである。その言葉に表せない真摯な日々の努力がここに花開いて、まさに埋木舎こそ「花の生涯」となったのである。


平成三(一九九一)年四月一日、埋木舎一般公開。

桜花爛漫の堀端、長い白壁の塀が美しく延びるいろは松より埋木舎に通ずる道には、「開かずの門が開いた!」「花の生涯文化人・井伊直弼の主舞台埋木舎内部が見られるぞ!」と市民や観光客の明るい談笑が絶え間なく続いた。

一般公開されて間もない四月九日、徳川家十八代に当たる徳川恒孝氏の御令室・幸子さまが埋木舎にご来遊された。筆者の妻と学習院の父母会関係で親しくさせていただいているとはいえ、世が世なれば、十八代将軍の御令室のお成りである。彦根藩でも実現できなかったこと、井伊直弼公もさぞびっくりされたり、喜ばれたりしておられるにちがいない。

鎖国状態だった埋木舎が開国した! 直弼と一体になっている唯一の現実に残存している館。

埋木舎をご訪問いただいた徳川幸子氏（右）と筆者妻碩子

埋木舎を守る大久保家の人々

史跡、文化財の埋木舎！　今こそ大久保家代々が百五十年にわたって縁の下を力強くささえ、肥やしをやりつづけた埋木舎が大輪の花を咲かせたのである。この花はまた何百年と大久保家子々孫々が守り世間の皆々様に永久に愛でてもらわねばならない。幸い、大久保家十六代、次男・忠直が平成十八（二〇〇六）年三月、同じ高校教諭の綾乃と結婚、その年十月、男児忠眞が誕生（第十七代）。この家族も埋木舎保存に大変熱意をもっていてくれることはうれしいかぎりである。忠直の兄・忠治と姉・まゆ美、婿殿・高野総一一家も相協力して埋木舎を死守してくれて大久保家の「家訓」＝直憲公遺訓により、直弼公の遺徳を末永くしのび、その偉大さを世に示すことであろう。それに毎年二万人前後の埋木舎見学の入場者があり、現存する「埋木舎」の静寂たる雰囲気にしばし浸られることで、直弼の住まわれたころにタイムスリップして、まさに「一期一会」と「余情残心」の心境に人々を昇華させることになるのであろう。

国指定特別史跡　埋木舎

〒522-0001　滋賀県彦根市尾末町1-11　電話0749-23-5268

開館時間　午前9時〜午後5時（入館は午後4時30分まで）
定休日　月曜日（祭日の場合は翌日）。8月13日〜17日、年末から2月中旬については年度により変更されるため、あらかじめ、お問い合わせください。
入館料　大人300円、高校・大学生200円、小・中学生100円、団体割引20名以上。（平成20年9月現在）

〔参考・引用文献〕

島田三郎著『開国始末』與論社
彦根市編『彦根市史』
彦根市教育委員会編『彦根市文化財調査概報―武家屋敷―』
彦根市教育委員会編『彦根の民家』
舟橋聖一著『花の生涯』新潮社
吉川英治著『桜田事変』改造社
渡辺　勝著『井伊掃部頭直弼』金星社
武田鶯塘著『井伊直弼言行録』東亜堂書房
岡　繁樹著『井伊大老』さわもと書房
北村寿四郎著『世界の平和を謀る井伊大老とハリス』近江人協会
水谷次郎著『幕末外交維新と井伊大老の死』日本書院
徳永真一郎著『井伊直弼』成美堂出版
矢部寛一著『彦根古城の秘史』彦根史談会
吉田常吉著『井伊直弼』（人物叢書）吉川弘文館
母利美和著『井伊直弼』吉川弘文館
中村達夫著『彦根歴史散歩』八光社
渡辺霞亭著『井伊直弼』盛文館

中村昌生著『井伊宗観』淡交社
北村寿四郎著『湖東焼の研究』辻本写真工芸
彦根市教育会編『井伊大老の研究―資料篇―』
矢部寛一著『井伊大老』彦根史談会
北野源治著『彦根の史蹟と景勝』彦根市立図書館
宮田思洋著『国宝彦根城』彦根観光協会
中村不能斎著『彦根山由来記』中村勝麻呂
北野源治著『彦根城ものがたり』北野源治
木俣守一著『井伊大老』井伊直弼朝臣顕彰会
岡田孝男著『井伊大老の埋木舎』新住宅一〇巻九月号
松島栄一著『茶湯一会集とその後』淡交四十二年十二月号
林屋辰三郎著『茶道史の対極―井伊直弼―』淡交三十一年十一月号
浜谷　洗著『カメラ井伊大老』文芸春秋二十八年十月号
一花　茂著『グラビア井伊大老暗殺』歴史と旅五十四年十二月号
大久保治男著『井伊直弼側役「大久保小膳」について（一）・（二）・（三）』
駒沢大学政治学編集五十年七月号・五十一年二月号・五十一年八月号
大久保治男著『井伊直弼と埋木舎と大久保家』在米近江クラブ
彦根藩・大久保家文書　彦根城博物館と共同調査・整理

彦根藩・大久保家文書　東大法学部近代法政史料センター
製本済　約六〇〇〇点
マイクロ化　約一〇〇〇点
大久保小膳留記　日記類
大久保員臣、章彦、定武、熊木明文の各留記
大久保家古文書類多数
大久保治男著『改訂埋木舎』高文堂出版社
大久保治男著『井伊直弼』歴史読本　平成十年十月号
大久保治男　著『文化人・井伊直弼の「埋木舎」における茶道についての一考察』
武蔵野学院大学研究紀要　第一輯　平成十六年十月
大久保治男著『文化人・井伊直弼の「埋木舎」における「和歌」と「国学」について』
武蔵野学院大学研究紀要　第二輯　平成十七年十月
大久保治男著『文化人・井伊直弼の諸政治決断』
武蔵野学院大学研究紀要　第三輯　平成十八年六月
河出書房新社「日本歴史大事典」
朝日、読売、毎日、京都等各新聞の多年にわたる「埋木舎」関係の記事多数参照

あとがき

平成二十年は「日米修好通商条約」の締結から百五十年の記念すべき年であります。日本の幕末の難局を救い鎖国より開国に政治決断をした大老・井伊直弼の真価は、国際協調・平和を理想とするグローバルな今日から見てこそ先見の明があったと判断され、井伊直弼の偉大さと同時に、当時の攘夷派がいかに島国根性で狭量であったかが分かろうというものです。

嘉永六（一八五三）年のペリー来航を機に幕府にとって未曾有の「鎖国」から「開国」への政策転換は、「将軍継嗣問題」もからみ、幕府と朝廷を利用しようとする輩との関係もギクシャクし、「一橋派」と「紀州派」、「尊王派」と「攘夷派」、「佐幕派」と「倒幕派」等々の潮流が錯綜し複雑な政治状勢を形成していました。その間に学者や下級武士などの不平分子が反体制運動の好機と動き出していたのです。

これらの国難に対し、井伊直弼を中心とする溜間詰の譜代大名たちは「天下の治平は徳川家の御威光にある。世継はお血筋の近い紀州の慶福で、御幼少とか利発であるなしは関係ないこと」とする保守本流を通し、「開国」や「日米修好通商条約」等に関しても、井伊直弼は既に嘉永六

（一八五三）年八月、「別段存寄書」の意見書を幕府に提出して堂々と開国、日米親善さらに、世界貿易や海軍創設を論じていました。さらに、「公用方秘録」において次のような主張をしています。

「外国と戦さをして幸いに一時勝を得ても、外国を皆敵とすれば必ず戦さに負ける、そうすれば国土は賠償でとられ、我が国は無くなってしまう。こんな大きな屈辱はないではないか。今日、攘夷、鎖国で条約を拒否して戦さになり敗戦で永く国体を辱しめるのと勅許を待たないで開国し国体を辱しめないのといずれが正しいか。そもそも朝廷は政治のことは関東の幕府に御委任されているのであるから政治を行う責任者としては臨機に情勢を正しく判断して直ちに決断しなければならない。違勅の責を云われるならば直弼が一身に受けてよい」ときっぱり云っているのです。実に立派な決断ではないでしょうか。大戦を回避し国際協調・平和主義を貫いた井伊直弼の大政治家としての素質、人格形成は「埋木舎時代」の艱難辛苦しての文武両道の次元の高い修養があったればこそと思われるのです。

ペリー来航、百五十年の節目を記念して、大老井伊直弼の政治決断がいかに正しかったかを再認識しなければならないと思います。

イギリスの詩人、マーチンは井伊直弼公を評してシンボル的詩を書いています。

The Little people see the Biwako
The Big people see Japan
The great people see the World

小人は「我が藩は」「おらが村の」とその自分の地域だけの利益を謀り
大人は「我が国」のためと叫ぼう
しかし、真の偉大な人は「世界のため」「国際協調・平和のため」の視点より正しい判断ができる人なのであり、井伊直弼こそ正に The great people であるといっています。
今日も国連中心の各国のエゴを超えてのグローバルな判断や活動、また、地球温暖化や地球環境や世界食料危機の問題等「See the World」こそが必要な時代です。
「The great people」の政治決断をする人が我が国で続いていてくれたならば「第二次世界大戦」「太平洋戦争」での敗戦もなかったと残念でなりません。
それにしても、我が国の歴史の教科書には二十一世紀の今をもってしても、大老井伊直弼の項のところでは「違勅の臣」（水戸への密勅こそ問題。開国についても後には勅許がでている）「安政の大獄」（これもテロリストに対する当時の法による正当な采配、処刑である。死刑も切腹一、死罪六、獄門一のわずか八名、ほとんどがいわゆる行政罰であった）しか記述されていない「The Little + Little」の教科書編成の姿勢こそグローバル化している今日、正に歴史認識の異常さを感じます。

ペリー来航百五十年を記念して、百五十年前の大老井伊直弼の国難を救った偉大なる政治決断を賞賛する教科書に書き替えるべきであります。

明治四年（一八七一）以来百三十年余、大久保家代々でこの井伊直弼公の遺徳を偲ぶ「埋木舎」を死守、保存してきたことへの熱情と歴史に対する真摯な忠誠心こそ賞讃されるべきであり、本書の使命の重要な一つでもありました。今書き終えるに当たり、子々孫々「埋木舎」を守っていかなければならない使命感を覚えています。そして我が大久保家の家族、子孫たちは立派にこれに応え守っていってくれるでしょう。これの成就のためにも、歴史や文化財にご理解のある皆々様の力強いご支援こそ何より必要であり、有難いことなのであります。

昨年は彦根築城四百年祭がありましたが、本年はペリー来航と大老井伊直弼による日米修好通商条約締結の百五十年行事が各地で行われます。彦根市あげて「井伊直弼と開国百五十年」のイベントを行っておられ、横浜市も開港百五十年祭を祝っておられるこのよき年に、本書が公刊されることは真に時宜を得たものであり嬉しい極みです。心より感謝申し上げる次第です。

最後に編集、発刊をお引き受けいただいた、サンライズ出版の社長・岩根順子様、専務の岩根治美様に深甚なる謝意を表します。

平成二十年七月吉日

彦根・金亀城佐和口多聞櫓前

井伊直弼学問所「埋木舎」（国特別史跡）「澍露軒」書斎にて

大久保治男

■著者略歴

大久保治男（おおくぼ・はるお）

1934（昭和９）年５月、東京都文京区生まれ。東京教育大学附属高校を経て中央大学法学部卒、同大学院修了。東京大学法学部研究員として「日本法制史」を研究。1966年より山梨県立女子短期大学（現山梨県立大学）助教授。1975年より、駒澤大学法学部、大学院教授（法学部長、大学院委員長、教務部長、理事等歴任）。1998年、苫小牧市との公私協力大、苫小牧駒澤大学創設、初代学長。2004年より武蔵野学院大学教授、副学長、学部長、大学院研究科長等、駒澤大学名誉教授。2014年４月より武蔵野学院大学名誉学長。この間、非常勤として、中央大学、上智大学、山梨大学、国士舘大学等で講師として「日本法制史」等の講義を行う。大久保家15代、埋木舎を明治４年、井伊家より贈られてより５代目の当主。

著書に、『日本法制史概説』（芦書房）、『日本法制史史料六十選』（編著、芦書房）、『日本法制史』（高文堂出版）、『大江戸刑事録』（六法出版）、『江戸の刑罰・拷問大全』（講談社）などがある。

■協力者一覧

資料提供／彦根城博物館・彦根市立図書館

協　　力／横浜能楽堂（財団法人横浜市芸術文化振興財団）

写真提供／大久保忠直・辻村耕司・堤義夫・サンライズ出版

なお、美術品の写真などで特に所蔵先が明記されていないものは
大久保忠直所蔵のものです。

写真撮影／山﨑喜世雄

編集協力／山﨑喜世雄

埋木舎と井伊直弼　淡海《おうみ》文庫41

2008年9月28日　第1刷発行
2021年4月30日　第3刷発行　N.D.C.291

著　者　大久保　治男

発行者　岩根　順子

発行所　サンライズ出版株式会社
〒522-0004 滋賀県彦根市鳥居本町655-1
電話 0749-22-0627

印刷・製本　サンライズ出版

ISBN978-4-88325-159-9　Printed in Japan　定価はカバーに表示しています。

淡海文庫について

「近江」とは大和の都に近い大きな淡水の海という意味の「近（ちかつ）淡海」から転化したもので、その名称は「古事記」にみられます。今、私たちの住むこの土地の文化を語るとき、「近江」でなく、「淡海」の文化を考えようとする機運があります。

これは、まさに滋賀の熱きメッセージを自分の言葉で語りかけようとするものであると思います。

豊かな自然の中での生活、先人たちが築いてきた質の高い伝統や文化を、今の時代に生きるわたしたちの言葉で語り、新しい価値を生み出し、次の世代へ引き継いでいくことを目指し、感動を形に、そして、さらに新たな感動を創りだしていくことを目的として「淡海文庫」の刊行を企画しました。

自然の恵みに感謝し、築き上げられてきた歴史や伝統文化をみつめつつ、今日の湖国を考え、新しい明日の文化を創るための展開が生まれることを願って一冊一冊を丹念に編んでいきたいと思います。

一九九四年四月一日